환상의 도서관, 망각의 도서관

알렉산드리아 비블리오테카

차례
Contents

알렉산드리아 도서관의 설립

학술연구소 '무세이온'

오늘날 박물관을 뜻하는 단어 'museum'은 '뮤즈(Muse)'의 신전 안에 있던 보물창고 이름인 '무세이온(Mouseion)[1]'에서 유래한다. '무세이온'은 기원전 300년경 이집트의 알렉산드리아 궁전 일부에 국립종합연구소로 건립되었다. '무세이온'은 문예·미술의 여신인 '뮤즈'에게 바치는 장소로 쓰였는데 '철학원' 또는 '사색의 장소'를 의미하기도 했다. 이러한 명칭은 학자들의 사색과 철학적 담론의 장소로 사용되었기 때문이다.

'무세이온'은 뮤즈를 위한 곳으로 '무세이아(Mouseia)'라 불리는 특별한 축제에서 문학적 열정을 해소하고 호머 시대의 서사시를 찬양했다. 이는 새로운 '무세이온' 설립을 위한 명칭을 설명하는 것뿐만 아니라 알렉산드리아 기관에 대한 학문연구의 종교적인 특성과 중요성, 건축술을 밝히는 '알렉산드리아 무세이온(Alexandria Museion)'의 그리스적인 배경인 것이다.

한편 무세이온은 '알렉산드리아 뮤지엄(Alexandrian Museum, Museum of Alexandria)'이라고도 한다. 과학과 문학에 대한 연구로 유명한 학술기관이었기 때문이다. '무세이온'은 연구와 교수를 겸하도록 아리스토텔레스의 '라이시움(Lyceum)'을 본떠 건축되었으나 규모는 훨씬 장대했다.

'무세이온'은 본디 '학예·음악'을 담당하는 아홉 여신 '무사이(Mousai: 영어로 'Muse'에 해당하는 무사의 복수형)'의 신전이라는 뜻이다. '무세이온'은 종교 결사(結社)의 형태로 학당이 구성되었다. 이러한 '무세이온'은 플라톤의 학당 '아카데미아(Acadēmeia)²)'나 아리스토텔레스의 학원 '리케이온(Lykeion)'과 함께 그리스 아테네에 있었던 아폴로·리케이우스 신전 근방의 성벽으로 둘러싸인 김나지움과 정원의 명칭이었다. 기원전 280년 알렉산드리아의 왕궁 내에 있는 '무세이온'은 대규모였으며 가장 명성이 높고 오래 지속되었다. 아리스토텔레스가 이곳에서 학문을 가르쳤기 때문에 그의 철학 학교의 이름으로 사용되었으며, 나중에는 많은 나라에서 학교를 가리키는 말로 사용되었다.

'무세이온'은 처음에는 이집트 왕들에 의해, 그리고 나중에는 로마 황제의 후원 아래 기원전 140년에서 서기 80년 사이에 크게 발전했다. 하지만 그 뒤로는 점점 이집트의 실용적인 기술이 발전하게 되면서 기초과학의 발전 자체는 다소 침체된 상태가 된다. 그러나 헬레니즘 시대에 그리스 과학이 가장 왕성하게 전승, 발전되었던 곳이 알렉산드리아였고 이곳 '무세이온'에는 수많은 학자가 몰려들어 헬레니즘 시대의 과학 중심지 역할을 했다.

알렉산더 사망 후 알렉산더의 휘하에서 사령관으로 활동했던 프톨레마이오스 1세 소테르(Sorter)가 이집트를 장악했다. 프톨레마이오스 왕조는 알렉산더가 세운 제국에서 성립된 왕조 가운데 가장 오랫동안 통치되었다. 프톨레마이오스 1세는 알렉산더와 함께 마케도니아 궁정에서 교육을 받았으며 아리스토텔레스 아래에서 동문수학하였다. 그래서 알렉산더와는 매우 친했다.

왕궁 근처에 있는 무세이온 건물은 기원전 280년경 프톨레마이오스 2세 필라델포스(Philadelphos)가 세웠거나 기원전 323~285(또는 283)년에 재위했던 그의 부왕 프톨레마이오스 1세 소테르가 설립한 것으로 추정되는 등 그 연원이 확실하지 않다.

'무세이온'의 설립에 대해 소테르는 아리스토텔레스의 제자이고 학자이자 정치가였던 데메트리우스(Demetrius)[3]의 자문을 받은 것으로 여겨지는데 부루치움(Brucheium)으로 알려진 이 건축물은 시내 왕궁 부근에 웅장하게 건축되었다. 이 건물은 박물관, 도서관, 그리고 대학으로 사용되었다. 이 건물로 책뿐만 아니라 동식물의 표본, 공예품, 그리고 예술 작품까지 망라되어 옮겨졌다. 아리스토텔레스의 사상을 모델로 그곳에 '무세이온'이라는 종합연구소를 건립한 것은 데메트리우스의 계획이었으며 도서관 발전의 공 역시 그에게 돌려주어야 한다.

프톨레마이오스 1세는 아들의 교육을 위해 대학자 스트라토(Strato)를 아테네에서 초빙했다. 그는 조직적인 교육을 위해 기원전 306년 '무세이온'을 설립했고 이것이 알렉산드리아 대학과 도서관의 기원이 됐다. 기원전 300년경 아테네의 데메트리우스가 초대 도서관장으로 임명되면서 도서관이 단순히 책을 보관하는 곳뿐만 아니라 지속해서 학문을 연구하는 대학으로 발전했다. 프톨레미(Ptolemy)는 '지구상 모든 민족의 책'을 수집하여 보관할 것을 지시했다.

그러나 빌리슈아우워(H. J. de Vleeschauwer)는 도서관의 기원은 그리스만큼이나 오리엔탈적이며 "도서관 자체가 프톨레미와 그의 오리엔탈 도서관의 회상에서 비롯되었다"라는 다소 설득력 있는 주장을 전개하고 있다. 그리하여 그는 "도서관은 창시자와 집행자라는 각각의 역할을 분담하는 프톨레마이오스 1세와 두 사람의 업적"이라고 말한다.

사실 프톨레마이오스 1세나 데메트리우스 중 어느 개인만의 업적이라고는 할 수 없다. 거의 모든 분야에서 헬레니즘 학문은 기원전 3세기부터 전성기를 맞았고, 알렉산드리아는 학문의 중심지였다. 소테르가 기원전 300년경 알렉산드리아 '무세이온'을 설립하기 시작했을 때 그는 고대 말기에 이르기까지 그리스·로마 세계에서 가장 크고 가장 중요한 연구소를 창조한 셈이 된다.

알렉산드리아의 '무세이온'은 규모에서만 새로웠던 것이 아니라 학문의 역사에서도 중요한 발전의 장을 열었다. 프톨레마이오스 왕조의 왕들은 그들의 프로젝트에서 '무세이온'을 그들의 모범으로 삼았다. 물론 아테네에 있던 플라톤의 '아카데미'와 아리스토텔레스 학파의 학교도 있었지만 그곳과는 달리 알렉산드리아에서는 철학, 어문학 및 그와 유사한 과목들 외에 그때까지 그리스 상류층에 의해 경시되던 자연과학과 기술 분야에서의 연구도 상당히 장려되었다. 알렉산드리아에서 현대적 의미의 대학이 최초로 탄생하였고 당시에 알려진 모든 학과가 이곳에 자리를 잡았다.

최초 도서관의 구성

도서관은 학문 연구소로 건립되었다. 도서관의 특징 중 하나로, 프톨레마이오스 왕조에서 임명한 성직자가 관장했다는 사실에 의해 증명된 종교적인 면은 고대 이집트 전통의 잔존이다. 도서관은 궁전의 뜰에 주랑과 궁전을 따라 포장된 산책로와 함께 있는데 비교적 화려한 건물이었다. 또 스트라보(Strabo: BC 63~AD 21)가 언급했던 '엑세드라(Exedra or exhedra: 일종의 원형 연기장)', 즉 건물 내부의 높은 곳에 있는 반원형 또는 직사각형 벽감(壁龕)형태인데 더 넓은 의미로는 교회의 앱스(apse, 後陣)[4]나 교회 내의 벽감을 가지도록 건축하였다. 고대 그리스의 엑세드라는 대개 아테네의 아크로폴리스 같은 주요 도시의 성역에 만들어 학자와 시인들의 토론 혹은 휴식이나 명상을 위한 장소로 사용되었다.

알렉산드리아 도서관도 바로 '무세이온'의 일부에 속해 있었는데 이 도서관을 포함한 '무세이온'의 건물 대부분이 270년 팔미라(Palmyra, 아랍어로는 Tadmur)[5]의 제노비아(Zenobia: ?~274) 여왕에 의해 해체된 것으로 추정된다. 그러나 무세이온의 교육·연구 기능은 5세기까지 지속된 것으로 전해지고 있다.

당시의 도서관 학자사서들은 여러 혜택을 누렸다. 그들은 숙식 제공과 함께 세금을 면제 받았고 상당한 양의 보조금과 생활을 즐겁게 해주는 여러 설비들도 지원 받았다. 또 고액의 월급과 가사 일을 돕는 하인들까지 제공되었다. 그들은 생활에 대한 걱정 없이 뮤즈 신을 섬기는 데 전념할 수 있도록 다양한 특권을 누렸다.

그들에 대한 엄청난 대우는 그리스 전역에 많은 비판을 불러 일으켰고, 종종 그들의 안락하고 편안한 생활뿐만 아니라 그들이 수행한 업무의 낮은 질에 대해서도 신랄한 비판이나 비꼬는 말이 나돌았다. 회의학파 철학자이며 피로(Pyrrho)의 제자인 티몬(Timon of Philus)은 도서관의 학자사서들을 '인구가 조밀한 이집트는 은둔한 책벌레들에게 모이를 주고 있다. 그들은 뮤즈의 조롱(鳥籠) 안에서 쉴 새 없이 모이를 쪼고 있다(논쟁을 하고 있다)'라고 조롱(嘲弄)하였으며 그곳의 철학자들을 '유별난 새들'이라고 비유하였다.

티몬의 말은 그리스 세계의 중심지에서의 학자들 사이의 일반적인 관계, 특히 아테네의 학자들 사이에서 가끔 발발하는 학구적이지만 종종 격렬한 논쟁들과 같은 종류의 것들을 수행하는 도서관의 학자들과 다른 지식인들 사이의 상태를 설명하는 것이다. 유일한 차이점은 소피스트들에 맞서는 소크라테스와 플라톤, 아리스토텔레스의 논쟁이 새로운 문학적 연구를 신봉하는 이들, 특히 박물관의 학자들에 대한 고전학자들의 비난으로 대치되었다는 것뿐이다.

그러나 도서관의 관리자들이 대개 왕실 가정교사로 1인 2역을 했다는 사실을 알고 있음에도 도서관 안에서 그들의 학자적인 임무에 대해 알려진 것이 거의 없다. 학자들의 가장 중요한 의무는 물론 연구였지만 그들은 가르쳐야 할 의무도 있었다. 공개 강연과 개별 수업뿐 아니라 학술적 공개 논쟁도 통례였던 듯하다. 덕분에 알렉산드리아는 빠르게 대학 도시가 되어 갔다.

문화적 황무지 같은 이 도시로 지식인들을 데려오기 위해 왕들은 온갖 아첨을 부렸다. 프톨레마이오스 왕조는 알렉산드리아의 문화적 전성기인 기원전 3세기경에 많은 특권을 제공해 알렉산드리아에 지식인 집단을 유인할 수 있었다. 프톨레마이오스 1세는 아테네에서 유클리드(Euclid)뿐만 아니라 당시 최고의 물리학자 스트라톤(Straton)을 초빙하였고, 프톨레마이오스 3세는 지구의 원주 계산을 정확하게 해낸 지리학자 에라토스테네스(Eratosthenes)를 초빙하였다. 해부학의 창시자 헤로

필로스(Herophilos: BC 335~280)는 히포크라테스(Hippocrates)가 의술을 행했던 코스(Cos)에 있는 유명한 의학센터에서 훈련을 받은 후 알렉산드리아에 정착하였다. 심지어 저명한 아르키메데스(Archimedes: BC 287~212)도 감언이설에 빠져 고향인 시라쿠사(Siracusa)를 잠시 떠나 알렉산드리아에 머문 적이 있었다.

이들 모두는 학자사서였다. 학자가 아니면 사서가 될 수 없는 학자사서의 선봉은 이때부터 시작된 것이다. 프톨레마이오스 1세가 세운 기부금 제도가 있었기 때문에 위대한 학자들을 유치하기 위한 자금은 풍족했다. 숙소 문제를 해결하기 위해 그는 왕궁의 한 부분을 할애했고, 회원들이 함께 식사할 수 있도록 그들만의 식당도 제공했다. 한 마디로 그들은 고양된 지적 활동을 위해 사소한 일상생활은 희생하였다.

알렉산드리아의 '무세이온'은 헬레니즘 시대부터 5세기에 이르기까지 고대 학문의 중심지 역할을 했다. 무세이온은 도서관, 동물원, 식물원, 천문대, 실험실, 해부실 등을 갖추고 있었는데 이곳에서 약 100여 명의 교수가 활발한 연구 활동을 했다.

알렉산드리아 도서관(Bibliotheca Alexandria)의 설립

헬레니즘 시대에 관한 언급에서 우선순위는 알렉산드리아 도서관이다. 알렉산드리아 도서관의 설립은 책의 출판과 상업적 매매의 거대한 성장에 따른 자연스러운 결과였다. 이러한 변화에는 기원전 5세기 이후 아테네 시민의 노력이 집약되어 있다. 알렉산드리아 도서관은 그 시대 그리스인들에게 최고의 지적 상징이며 독립된 국가로서 연방에 불과하던 그리스인들을 하나로 결합하게 해준 통합 요소였다. 하지만 그 계획의 착안과 실행은 매우 거대한 것이었음에도 알렉산드리아 도서관은 사람들이 기대한 공공도서관으로 이용되지 못했다. 알렉산드리아 도서관의 이용자들은 전문적인 엘리트들로 국한되어 있었다.

알렉산드리아 도서관에는 놀라울 만큼 많은 장서가 축적되었는데 이것이 가능했던 데는 세 가지 중요한 이유가 있었다. 첫째, 그리스 세계와 동방 사이의 관계 개방이 있었다. 둘째, 본문 연구에서 새로운 문학 분야의 소개가 이루어졌다. 셋째, 이집트 프톨레마이오스 왕조의 첫 번째 왕인 소테르(Soter)의 책에 대한 열정 때문이었다.

'도서관(Bibliothek)'이란 단어는 그리스어의 '비블리오테카(bibliotheka: 'biblion'은 책, 'theka'는 작은 상자를 의미)'에서 유래된다. 이러한 최초의 도서관은 인류 최초의 문자인 설형(楔形) 문자를 만든 유프라테스강 유역 메소포타미아에서 기원전 4,000년경 세워졌다. 고대 이집트 테베의 궁전(기원전 2000년 창건)에도 입구에 '책은 짐(朕)' '영혼의 치유장' 즉, 도서관을 연상케 하는 이름이 전해진다.

그리스 최초의 도서관은 기원전 330년에 나타난다. 제왕들은 앞 다투어 자신의 카리스마와 권위를 상징하는 도서관을 세웠지만 고대 도서관 중의 도서관은 바로 〈알렉산드리아 도서관〉이다. 이를 포함해 '페르가몬 도서관'과 '셀수스 도서관'을 고대 3대 도서관이라고 칭한다.

알렉산더 대왕은 정복지마다 자신의 이름을 딴 신도시 알렉산드리아를 건설하였는데 전 세계에는 알렉산드리아라는 도시가 70개 이상 존재하지만, 이집트의 알렉산드리아만큼 빛났던 곳은 없었다. 이곳은 그리스계 왕조인 프톨레마이오스 왕조가 이집트를 통치하던 시절에 이집트 수도였던 곳이다. 또 동서양의 학자들이 헬레니즘이라는 모자를 쓰고 치열한 연구와 토론을 진행했던 세계 최고의 도시이며 피타고라스(Pythagoras: BC 582~497), 유클리드(Euclid: BC 330?~275?), 아르키메데스(Archimedes: BC 287~212), 에우클레이데스(Eucleides: BC 450~380), 에라토스테네스(Eratosthenes: BC 450~380), 클라우디오스 프톨레마이오스(Klaudios Ptolemaeos: BC 85~165), 아리스타르코스(Aristarchos: BC 310?~230), 칼리마쿠스(Callimachus: BC 305~240) 등 알렉산드리아를 거점으로 활동했던 학자들의 면면만 보아도 대단하다.

그 빛의 중심에는 '무세이온'이 자리 잡고 있었다. 프톨레마이오스 1세는 알렉산더 대왕의 부하로, 대왕이 사망하자 그 정복지들 가운데 이집트를 차지한 디아도코이(Diadochoi) 장군 중 한 사람이었다. 따라서 그의 출신지는 엄밀히 말하면 그리스가 아니라 그리스 북쪽에 있는 마케도니아가 된다. 그리스인들은 마케도니아인들을 일종의 '오랑캐'처럼 바라보았으나 알렉산더 대왕을 비롯한 마케도니아인들은 자신들을 위대한 '범그리스계' 소속으로 생각하며 그리스인이라 자처했다.

이런 이유로 그리스계 왕조의 시조가 된 프톨레마이오스 1세는 그리스인답게 학문에 대한 사랑이 컸으며 스승인 아리스토텔레스의 영향으로 그 사랑이 더욱 깊었다. 프톨레마이오스 1세 소테르는 어린 시절 알렉산더 대왕과 함께 아리스토텔레스 밑에서 동문수학했다. 그랬기 때문에 그가 파라오가 된 다음 왕궁 옆에 대규모 학술기관인 무세이온을 세워 적극적인 학문 장려정책을 펼친 것은 조금도 이상한 일이 아니었다.

'무세이온'에는 강당, 연구실, 체육관, 숙소들이 갖춰져 있었고 천문대와 해부실, 동물원과 식물원 같은 부속기관과 이들과 유기적으로 연결하도록 알렉산드리아 도서관을 중앙에 위치시켜 학문연구에 필요한 모든 지식을 제공했다. 물론 이들 기관 중에 으뜸으로 꼽을 수 있는 시설은 〈알렉산드리아 도서관〉이다. 프톨레마이오스 1세가 알렉산더 대왕을 기념하여 세웠다는 이 도서관에는 무려 70만 권의 파피루스 두루마리 책이 소장되어 있었는데, 그리스 문헌들뿐만 아니라 중동과 인도의 문헌들까지 그리스어로 번역되어 소장되었다. 말하자면 도서관과 연구실, 강의실과 기숙사 등을 갖추고 있는 '무세이온'은 오늘날의 대학과 같은 공간으로 세계 최초의 대학과 종합연구소가 공존했던 곳이라 할 수 있다.

이처럼 알렉산드리아 도서관의 모태와 요람은 알렉산더 대왕(재위 BC 336~23)이 세운 도시 알렉산드리아에 있었다. 그리스, 페르시아, 인도에 걸친 대제국을 이룩한 대왕은 스스로 페르시아의 공주를 왕후로 삼고 1만 명 이상의 장병으로 하여금 페르시아 여인과 혼인하도록 하여 동서 문명의 융합에 큰 뜻을 품은 코스모폴리탄이었다. 그는 아리스토텔레스를 스승으로 받들고 호메로스의 『일리아스(Ilias)』를 머리맡 책으로 삼고 오리엔트 원정에 학술연구단을 동반할 만큼 학예를 사랑한 교양인이었다. 또 대왕은 수도를 상업·교역과 함께 학문과 문화의 중심지로 만들고자 하였다. "알렉산드리아에 없는 것은 눈(雪)뿐이다"라고 일컬어졌을 만큼 다양한 문화의 접합점이 되었으며 알렉산드리아 거리에서는 인도의 승려도 볼 수 있었다. '동서 문명의 교차로' '세계 문물의 집산지'로 불리며 세계를 향해 열린 알렉산드리아는 이후 900년간 동서 문명의 십자로가 되었다.

알렉산드리아 도서관은 기원전 300년경에 세상의 모든 책, 즉 '인간 지식의 집대성'을 목표로 건립됐고, 기원후 270년에 아우렐리우스(Marcus Aurelius) 내전으로 소실되었다는 설이 가장 유력하다. 당시 이집트가 로마 제국의 속주였기 때문에 아우렐리우스 내전의 영향을 받은 것이다. 다만 딸 도서관으로 불린 '세라피스(Serapis)' 별관은 그때까지 건재하다가 기원후 391년 로마에서 기독교 공인이 이루어진 직후 이교도의 유산이라는 이유로 로마 기독교인들에 의해 파괴되었다. '세라피스'라는 이름은 이집트 신인 '세라피스'를 모시는 신전 '세라피움(Serapium)'에 자리 잡고 있었기 때문에 붙여진 것이다.

역대의 왕은 사재(私財)를 털어 국외에서 학자를 불러 모으고 그들에게 수당과 식사를 제공하며 재산을 공유하는 단체로서 연구에 종사시켰다. 따라서 강당(講堂), 주랑(柱廊), 홀, 부설

도서관, 동물원, 천문 설비 외에 식당이나 승려들의 숙소 같은 공동 생활시설도 마련되어 있었다.

연구의 주류는 문헌학(文獻學)이었으나 수학·물리학·천문학·해부학 등에도 뛰어난 성과를 남기기도 하였다. 알렉산드리아 도서관은 기원전 2세기 말엽 이후 쇠퇴하였으나 아우구스투스(Augustus) 황제와 하드리아누스(Hadrianus) 황제 치하에서 잠시 번영을 되찾았다가 다시 쇠퇴해 갔다.

'뮤즈 신'을 섬기기 위해 문화광장을 설립하고자 한 생각은 프톨레마이오스에 의해 고안된 것은 아니다. 그리스 세계에는 이미 이와 유사한 종류의 광장들이 존재하고 있었고, 그 중 일부의 근원은 피타고라스와 그의 원형광장으로까지 소급할 수 있다. 가장 고도로 발달한 예는 테오프라스투스(Theophrastus: BC 372~287)[6]하에 존재했던 '아리스토텔레스 라이시움(Aristotle's Lyceum)'의 무세이온인데 강의실과 안뜰이 있는 도서관으로 열주(列柱) 화랑, 정원 산책로 및 신과 인간들의 수많은 동상, 그리고 센터에 신전과 제단을 갖추고 있는 전문 교육 및 연구센터였다.

디오게네스 라에르티오스(Diogenes Laertios)[7]는 광장의 출현을 암시하고 있는 테오프라스투스 유언의 한 구절을 인용하고 있다. "나는 나의 재산이 다음과 같이 사용되도록 히파르쿠스(Hipparchus: BC 1907~125)에게 위탁하고 싶다"라고 유언한 것이다. 그는 그 유산의 사용처를 다음과 같이 일일이 명시하고 있다.

우선 무세이온과 신의 동상을 완성하는 데 사용할 것. 또한 동상의 완성에 필요한 모든 것들에 사용할 것. 두 번째로 아리스토텔레스의 흉상과 신전에서 사용될 다른 봉납품들을 재건설하는 데 사용할 것. 무세이온에 인접한 조그만 주랑이 예전의 모습만큼 훌륭하게 재건설되고 세계의 지도가 그려진 현관이 아래쪽의 주랑에 재배치되는 데 쓸 것. 그리고 마지막으로 제단이 가능한 한 아름답고 격조 있는 모습으로 수리되는 데 사용할 것.

이처럼 테오프라스투스의 유언을 따라 그대로 건축된 것으로 추측된다. 그는 신전 같은 아름다움과 경건함을 동시에 갖추게 된 학문의 전당을 꿈꾸었던 것이 아닌가 생각된다. 지식은 이상을 좇는 한 과정이므로 이후 '도서관이 조직의 심장' 개념으로 확립된 것 같다.

프톨레마이오스 1세가 테오프라스투스를 도서관의 경영을 위해, 또한 그를 우선으로 임용하기 위해 알렉산드리아로 초빙하고 싶어했던 한 가지 이유는 가장 사랑했던 제자가 아리스토텔레스였고, 어떤 의미에서 그는 아리스토텔레스의 작업을 계승 받은 자였으며 따라서 새로운 연구소에 거대한 명성을 가져다줄 것으로 기대했기 때문이다.

그러나 더 중요한 이유는 소요학파의 학교에 무려 2,000명가량의 학생과 청강생이 있었기 때문에 프톨레마이오스는 그 학교 전체를 알렉산드리아로 옮겨오고 싶어 했다는 것이다. 그의 야망은 그리스 전 지역의 저명한 학자들 중 아테네 출신의 스트라토(Strato), 코스(Cos) 출신의 필레타스(Philetas), 에베소 출신의 제노도투스(Zenodotus), 그리고 데메트리우스에게까지 손을 뻗었다. 극히 소수의 명성을 지닌 이들까지 초빙하려고 계획한 그 목적과 함께 교육과 학문의 범그리스주의적 광장을 세우려는 야망을 품고 있었던 것이다.

기원전 297년 알렉산드리아에 정착한 데메트리우스는 소요학파 학교의 구성과 그와 관련된 다른 부분에도 관여했다. 그는 아테네에 총독으로 있는 동안 학교가 합법적인 승인을 얻을 수 있도록 도왔으며, 테오파라스투스가 자신이 소유한 약간의 땅을 양도할 수 있도록 했다.[8]

불행하게도 프톨레마이오스 1세 통치 동안의 사료에는 단지 압데라의 헤카테우스(Hecataeus of Abdera)나 마네토(Manetho)와 같은 도서관에 관계된 것만 언급되어 있다. 도서관에 관해 유일하게 현존하고 있는 직접적인 묘사는 기원전 1세기에 스트라보[9]가 알렉산드리아를 방문하였고 그가 그곳의 도서관에서 연구했다는 것이다.

프톨레마이오스 1세 소테르는 자녀들의 교육을 위해 대학자 스트라토를 아테네에서 초빙했으며, 좀 더 조직적인 교육을 위해 기원전 306년 무세이온을 설립했고 이것이 알렉산드리아 도서관의 기원이 됐다.

알렉산드리아 도서관은 이집트 알렉산드리아에 있었고 고대에 가장 크고 영향력 있는 도서관이었다. 알렉산드리아 도서관은 프톨레마이오스 왕조의 후원으로 발전했으며 기원전 3세기에 건립된 이후 로마가 이집트를 점령한 기원전 30년까지 지식과 학문의 중심지 역할을 했다. 알렉산드리아 도서관은 군주 프톨레마이오스 1세 소테르 혹은 그의 아들 프톨레마이오스 2세 필라델포스(Ptolemaios Philadelphos) 때 창설된 것으로 보인다.

알렉산드리아 도서관의 설립 배경

알렉산드리아 도서관의 설립 배경으로는 크게 두 가지를 살펴볼 수 있다. 첫 번째는 프톨레마이오스 1세 소테르의 도서관 건설에 대한 애착이다. 소테르 왕은 지적이고 문화적인 국가를 건설하고자 하였던 알렉산더 대왕의 이상을 존경하였다. 그는 자신의 왕국을 지적이고 문화적인 공간으로 만들고자 하였으며 도서관 건설을 문화발전에 적합한 정책으로 수용하였다. 그의 열정에는 '지식이 곧 국력'이라는 당대의 인식이 한몫하기도 했다.

두 번째는 데메트리우스가 지적이고 문화적인 공간으로써 알렉산드리아 도서관 설립에 관해 제안한 것이다. 데메트리우스는 정치적인 이유 때문에 알렉산드리아로 망명한 사람이었는데 그는 부강한 국가 건설에서 도서관의 중요성을 강조하였다. 두 사람의 공통점은 아리스토텔레스가 책을 중시하고 독서를 장려했던 영향으로부터 찾아볼 수 있으며 이는 당대 아리스토텔레스 학파의 영향력을 추측할 수 있는 대목이다.

알렉산드리아 도서관 설립과 관련해 특별히 데메트리우스

를 설명할 필요가 있다. 그는 날카로운 지성과 문학에 대한 성실한 열정을 지닌 박식가로 어떤 조직화된 사회에서 독서를 장려하는 것이 얼마나 중요한가를 아는 사람이었다. 그의 아버지 파노스트라투스(Phanostratus)는 코논(Conon) 왕조의 노예였다. 하지만 데메트리우스는 자신의 천한 태생을 초월해 코논 왕조가 그의 일을 방해하지 못하게 하려고 애썼다.

키케로(Marcus Tullius Cicero: BC 106~43)에 의하면 그는 테오프라스투스의 가까운 벗이 되었고 웅변술과 철학에 조예가 깊었다. 그는 기원전 325년에 정치계에 등장하였다. 그 당시 아테네의 연설가들은 그들의 권위를 잃어가고 있었기 때문에 키케로는 그가 원하던 명성을 빠른 시일 내에 얻게 되었다. 그는 모험가였다. 정치계에서 그는 지체 없이 반마케도니아 민주당을 나와 과두정치 당파의 지도자가 되었던 까닭에 그의 충성은 쉽게 변하였다. 이런 능력으로 그는 마케도니아 통치가였던 카세데르(Cassader)의 신임을 얻었고 기원전 317년 이후로 10년간 그의 총수로서 아테네를 통치하였다. 키케로는 그의 개화된 법률이 그 도시에서 많은 지지 세력을 얻었다고 말하였다. 또한 소요학파 학교에 대한 그의 헌신과 교육 체계에 쏟아 부었던 혁신의 노력이 그의 평판을 더욱 좋게 하였다.

그러나 이런 번영과 평안의 상태는 데메트리우스-폴리오르데테스(Demetrius-Poliordetes)가 피레우스(Piraeus)의 항구에 그의 함대를 이끌고 들어와 총독이 사형을 면하도록 도망가게 놓아 두면서 아테네 민주주의자들의 반란을 자극했고 307년 파괴되었다.

데메트리우스는 마침내 알렉산드리아에 망명지를 찾았다. 그는 프톨레마이오스의 가장 중요한 집단에 속하게 되었으며 그 역시 스트라토처럼 아테네의 '라이세움(Lyceum)'과 알렉산드리아의 도서관·박물관 사이에 연관성을 제시했다. 그러나 박물관과 도서관에 대한 그의 공헌도가 중요한 것이었음에도 불구하고 그가 이 일을 했다는 사실을 증명해 줄 신뢰할 만한 증거가 남아있지 않다. 그가 도서관 체계에 시도했던 노력에 관한 두 가지의 언급, 『아리스테아스의 서한(Letter of Aristeas)』과 비잔틴 학자 체체스(Ioannes Tzetzes)에 의한 『아리스토파네스의 서문(Prolegomena to Aristophanes)』 중 어떤 것도 신뢰할 만한 것으로 여겨지지 않는다.

이처럼 알렉산드리아 도서관은 기원전 3세기 말, 프톨레마이오스 왕조의 왕들이 한편으로는 알렉산더 왕의 유지를 계승하고 다른 한편으로는 아리스토텔레스의 가르침을 충실하게 따르기 위해 세운 학문의 센터였다. 그리스의 지리학자 스트라본이 기원전 1세기에 쓴 책에 따르면 알렉산드리아 도서관에는 아리스토텔레스의 저작들이 보관되어 있었다. 스승의 저작들을 물려받은 제자 테오프라투스는 그 책들을 스켑시스의 넬리우스에게 물려주었고, 넬리우스는 알렉산드리아 도서관의 건립에 참여하면서 이 책들을 도서관에 기증했다는 것이다.

단지 책을 보관하기 위해서가 아니라 도서관 기능에 맞게 책들을 분류하고 교육을 위해서 도서관을 세운 이가 역사의 무대에 등장하니 그가 바로 아리스토텔레스다. 도서관을 개인 서재가 아닌, 자신이 건립한 학교 '리케이온'에 마련한 것이다. 하지만 그의 도서관이 겪어야 했던 운명은 그 주인만큼이나 기구했다.

그들은 아탈로스(Attalos: 재위 BC 241~197) 왕이 페르가몬에 도서관을 세우기 위해 책을 모으고 있다는 소식을 접하게 된다. 그들은 땅을 파서 참호를 만들고 여기에 아리스토텔레스의 책들을 숨겼다. 테오프라스토스가 유언으로 스켑시스의 넬레우스에 맡겨 지하실에 비장된 문고는 한참 후 책이 습기와 벌레들에 의해 손상을 입자 애서가 아펠리콘이 벌레 먹은 손상된 부분을 복구하여 새로운 복사본을 만들었다. 그러나 정확하지 않게 보충되어 오류와 오식들로 가득 찼다.

여기에는 로마도 한몫 거들었다. 왜냐하면 당시 아테네를 장악하고 있던 술라(Lucius Cornelius Sulla: 고대 로마의 장군 겸 정치가)는 아펠리콘이 죽자 곧바로 전리품으로 도서관을 가져왔다. 술라는 책을 로마로 반입해(BC 86) 곳곳의 사설 문고에 수장하였다. 이런 경로로 아리스토텔레스와 테오프라스토스의 원고는 문법가 티라니온의 복사를 기초로 10대째 학두인 안드로니코스(Andronicos of Rhodes)에 의해 로마에서 간행되었다. 그는 그때까지 유포되고 있던 여러 저작(대화편 등)에 이들의 학문적인 저작을 대립시켰다.

먼저 오르가논(Organon: 아리스토텔레스의 논리학 저서와 업적의 총괄적 명칭)을 만들어 철학적인 예비 학문으로 삼음과 동시에 다른 저작도 체계적인 견지에서 배열하였다. 이것이 오늘날에 와서도 아직껏 근본적인 개혁이 어려운 아리스토텔레스 전전(全典)인 것이다. 이 전전을 기초로 이후의 아리스토텔레스 철학의 주석과 연구가 진행되었다. 이 도서관에서도 필경사들이 도서들을 교정하고 수정하였다. 그들은 필사본들을 원본과 대조하여 비교하지도 않았기 때문이다. 이는 로마뿐만 아니라 알렉산드리아에서도 흔히 있는 일이었다.

알렉산드리아 도서관이 건립되기 전까지 고대 세계의 도서관들은 한 사람의 개인적인 서고이거나 정부가 법적인 자료와 문학적인 작품을 공식적인 참고문헌으로 보관하던 창고였다. 이런 초기의 도서관들은 호기심을 채우려는 욕망보다는 안전하게 보관하려는 소박한 욕심에서 세워졌고, 또한 만물박사가 되려는 욕망보다는 특정 분야에 대한 참조를 위해 설립되었다. 그러나 알렉산드리아 도서관은 목표와 규모에서 기존 도서관을 능가하는 새로운 모습을 보여주었다.

소아시아 북쪽에 있던 페르가몬에서 아탈리드(Attalids) 왕조의 왕들이 알렉산드리아 도서관에 도전장을 던지고 페르가몬 도서관을 짓기 시작했지만 알렉산드리아 도서관의 규모에는 미치지 못했다. 게다가 프톨레마이오스 왕들은 그들의 경쟁자들이 도서관을 채울 필사본을 제작하는 걸 막으려고 파피루스 수출을 금지하기도 하였다. 이런 방해에 반발해 페르가몬 도서관의 운영자들은 새로운 필사 자료를 발명해 냈고 여기에 도시의 이름을 붙여 '페르가몬'이라 불렀다. 이것이 바로 '양피지

(parchment)'다.

위작으로 짐작되는 기원전 2세기경의 흥미로운 문서인『아리스테아스의 서한』에는 알렉산드리아 도서관의 기원에 얽힌 이야기가 기록되어 있다. 도서관의 원대한 꿈을 요약한 듯한 그 기록에 의하면 프톨레마이오스 1세는 전 세계의 책을 한곳에 모아두기 위해 '지상의 모든 군주와 지배자'에게 시인과 산문작가, 수사학자와 궤변학자, 의사와 예언자, 역사학자 등 온갖 유형의 작가가 쓴 모든 종류의 책을 보내달라고 부탁하는 편지를 보냈다. 또 왕의 학자들은 '세계의 모든 종족이 쓴 모든 책'을 알렉산드리아에 모아 놓으려면 50만 두루마리가 필요할 거라고 계산했다.

또한 도서관의 탄생에 대해『아리스테아스의 서한』은 알렉산드리아 도서관이 알렉산더 사후 알렉산더 제국의 통치자 중 한 명이었던 프톨레마이오스 1세 소테르 치하에서 데메트리우스에 의해 최초로 제안되었다고 한다.

왕의 권한을 충분히 행사하면 왕 전용의 훌륭한 서적 컬렉션이 될 것입니다. 왕의 격에 맞는 도서관이라면 중요한 저작은 전부 사본으로 수집해야 합니다.

위와 같은 데메트리우스의 아이디어를 프톨레마이오스 1세는 기뻐하며 받아들였고 지중해·중동의 여러 지역에 사자(使者)들을 파견해 모든 분야의 책을 수집했다. 구입할 수 없는 책은 차입(借入)하거나 온갖 술책을 써가며 빼앗았다.

그밖에도 이집트의 항구에 정박한 모든 선박을 수색해 책을 몰수하고 사본을 뜬 뒤 원본은 압수하고 사본은 돌려주었다. 똑같은 예를 우리는 고대 중국의 제왕들로부터도 볼 수 있다. 예부터 책 도둑은 도둑이 아니라지만 75만 권에 달하는 알렉산드리아 도서관 장서를 '빼앗은' 책으로 채운 것은 과연 도둑질이 아닌 것일까?

알렉산드리아 도서관은 아리스토텔레스의 학원을 본받아 지붕이 달린 산책로, 아케이드와 함께 예술의 여신 무사(musa)를 모신 신역(神域) 무세이온에 자리하였다. 그리고 좋은 식당과 숙박시설이 설치되었으며 관리자는 사제였다. 학문연구소의 구성원인 학자들은 고액의 봉급과 면세의 특권을 누렸다. 그들 중에서도 특히 수사가와 시인이 우대받았다. 도서관을 자유로이 이용할 수 있었던 사람들도 아마 이 무세이온의 회원이었을 것이다. 사실 도서관과 학문연구소는 서적과 학문 연구가 통합되듯 하나의 공동체를 이루었다.

학문연구소는 황금기 75년 동안 모든 지역의 제1급의 뛰어난 학자들로 성황을 이루었다. 그중에는 기하학의 대성자인 유클리드(Euclid: BC 450~380), 천문학자이며 수학자, 물리학자이기도 한 아르키메데스(Archimedes: BC 287~212), 코페르니쿠스에 앞서 지동설을 주장한 천문학자 아리스타르코스(Aristarchos of Samos: BC 310~230) 같은 학자들이 속해 있었다. 그리스 출신의 동명이인 문헌학자 아리스타르코스(Aristarchos of Samothrace: BC 217~145)는 과학적 문헌학의 수립자이며 도서관의 관장을 지낸 인물이다. 비록 철학자나 사상가로서는 뛰어난 인물이 없었으나 그들의 과학적 업적은 이후 1,000년 이상 유럽에 영향을 주었다. 그러나 유적 한 점 남기지 않고 연구소와 도서관이 함께 바닷속에 파묻혀 버려 현재로선 알 길이 없다.

알렉산드리아 도서관의 발전사

알렉산드리아 도서관의 발전사는 크게 세 가지로 나누어 볼 수 있다. 초창기에는 '무세이온'이 설립되었다. '뮤즈 신'을 섬기기 위해 지은 건물에서 학자들은 학문연구를 하였다. 이 기관 안에 박물관과 도서관 본관은 궁전 경내의 '브루케이움'이라고 하는 구역에 설치하였다. '무세이온'은 도서관·박물관과 학문연구소의 기능을 수행하였다. 알렉산드리아의 번성과 함께 '부루치움 도서관'이 등장하였는데 왕궁 안에 박물관, 도서관, 대학의 기능을 통합하여 세운 것으로 종합 연구소의 특성이 있었다. 학자들이 연구 활동을 하거나 학생들을 지도했기 때문에 알렉산드리아 도서관은 왕실도서관, 대학도서관 겸 학술도서관의 성격을 띠었다.

약 50년 후 프톨레마이오스 3세 에우르게테스(Ptolemy III, Euergetes)가 세라피스 신전에 보조적인 '딸 도서관(daughter library)'인 세라피움 도서관을 설립하였고, 4만 개 이상의 두루마리를 소장했다. '무세이온'의 자료 보관 장소 부족 탓에 별도의 도서관이 필요했다. 그래서 궁전과 떨어진 도시 남쪽에 분관을 설치하게 되었다. '세라피움 도서관'은 '부루치움 도서관'보다는 소규모였고 알렉산드리아 시민에게 공개되었다. 하지만 여러 민족이 살고 있는 알렉산드리아에서는 그리스인들만 시민으로 인정받았기 때문에 완전한 개방은 아니었을 것이다.

아리스토텔레스의 학원을 뛰어넘으려 브루케이움 지역에 세워졌던 알렉산드리아 도서관은 '무세이움' 근처에 세워져 서로의 영향권 안에 들도록 하였다. 도서관은 정원과 공동식사실, 독서실과 강의실, 집회실 등을 포함하고 있으나 정확한 설계는 알려지지 않고 있다. 이러한 구조는 현대의 대학 구조에도 영향을 끼치고 있는 것으로 보인다. 도서관은 그 당시 책을 분류하고 신간 도서를 관리한 것으로 알려졌는데, 이들을 관리하는 부서가 따로 존재하였다. 도서관이 신간 도서를 효과적으로 관리할 수 있었던 것은 서고 근처에 지어졌거나 항구로부터의 접근성이 뛰어났기 때문이라고 추측된다. 회랑은 파피루스 두루마리들을 보관하는 책장들로 채워졌으며 이들을 '도서관(bibliotheca)'이라고 불렀다. 책장의 벽에는 '영혼의 안식처 (Sanctuary of the soul)'라는 글귀가 쓰여 있었다고 전해진다.

이러한 책의 수집은 정책의 일환이었던 것이다. 예상한 도서관 규모의 대·소가 실현되었는지의 여부는 차치하고 자료를 수집하고 학문을 부흥시켰던 알렉산드리아 도서관의 주요 기능은 다음과 같다.

1) 당시 세계 최대 도서관의 역할을 하면서 왕실도서관(royal

library)의 기능을 수행하였다.

2) 국립학술원의 성격을 가졌다. 도서관의 기능과 학문 연구의 대학기능을 같이 했다. 특히 자연과학 연구의 중심지였다. 에우리피데스, 소포클레스, 아리스토텔레스를 비롯한 그리스 학자들 책의 원본을 상당수 소장했던 것으로 알려졌으며 학자들에게 연구실과 연구비를 지원하였다. 알렉산드리아 도서관은 수학, 천문, 기하학 의학, 응용과학 등의 분야에서 당시 학계를 주도했다.

3) 문화의 중심지로 구실을 하였다. 적어도 200년 동안은 고대 희랍세계 문화 발달에 중요한 역할을 했으나, 몇몇 학자는 알렉산드리아 도서관이 그리스 문명 수집, 보존에 치우쳐 새로운 학문저술이나 희랍문헌에 큰 영향을 주지 못했다고 주장하기도 한다.

4) 고대 지식의 보고였다. 그리스의 문헌 수집, 배열, 주석을 부가하였다. 그리스 문헌을 취합함은 물론 지중해, 중동, 인도 등지의 모든 언어를 그리스어로 번역하여 보전하였다. 특히 이곳에서 히브리어 성서인 『70인의 성경』이 그리스어판 구약성서로 번역되었다.

알렉산드리아 도서관 성립 배경에 대해서는 다음과 같이 요약할 수 있다. 첫째, 알렉산드리아 도서관 설립에 관해 데메트리우스의 제안을 프톨레마이오스 1세가 수용한 것은 단순한 사고에 의한 것이 아니었다. 도서관 설립이 문화발전에 적합했기 때문이다. 또 사회·문화를 한층 더 발전시키고자 하는 것은 학문에 종사하는 학자들의 소망도 있었기에 가능한 것이었다.

도서관 설립은 국가를 경영하는 사람(특히 전제 군주)이라면

한 번쯤 생각하게 되는 업적 중 하나였음이 틀림없다. 왕들에게 있어 헬레니즘 시대의 '지식왕국'은 가장 이상적인 국가로 여겨졌기 때문이다.

둘째, 프톨레마이오스 1세가 그의 업적을 위한 길잡이를 발견하여 박물관·부속 도서관을 조직하게 된 것은 아리스토텔레스의 '리케이온'으로부터 영향을 받았고, 아리스토텔레스와 테오프라스투스의 교육으로부터 형성되었기 때문이다. 또한 아리스토텔레스는 도서 정리하는 방법을 이집트 왕에게 가르친 학자로서 영향력이 아주 컸다. 이는 프톨레마이오스 1세에게 도서관 설립을 위한 사상 정립에 도움을 준 제자 데메트리우스와 연관성을 생각해 볼 수 있다.

비록 도서관 설립이 프톨레마이오스 2세 때에야 비로소 이루어졌을지라도 도서관의 설립계획은 프톨레마이오스 1세의 독창적인 생각이었다. 프톨레마이오스 3세 때는 두 개의 도서관이 있었다. '부루치움'과 '세라피움' 도서관인데 이를 총칭한 것이 바로 알렉산드리아 도서관이다. 주 도서관인 '부르치움 도서관'은 무세이온의 회원이 직접 이용할 수 있도록 왕궁 안에 있었고, 딸 도서관인 '세라피움 도서관'은 왕궁에서 멀지 않은 세라피스 신의 성소 안에 위치하고 있었다.

알렉산드리아 도서관의 창립 연대는 건물, 장서 등의 물질적인 기초 확립까지를 포함한 넓은 의미에서 해석할 수 있을 것 같다. 기존의 연구자들은 대개 창립 연대에 대해 명확한 기술은 하지 않고 있다. 따라서 광의의 의미에서 본다면 알렉산드리아 도서관의 창립 연대는 대략 기원전 290년경부터 기원전 240년경까지의 근 50년간으로 추정할 수 있다. 그러나 이것은 대략적인 범위를 나타낸 것이고, 엄밀히 말하면 알렉산드리아 도서관은 데메트리우스가 도서관에 관계한 기원전 290년경에 설립된 것으로도 볼 수 있다. 알렉산드리아 도서관은 대학을 포함한 복합적 연구소로 설립된 것이다. 처음부터 도서관이라는 명확한 형태를 가지고 독립적으로 건설된 것이 아니었다.

자매 도서관 '부루치움'과 '세라피움'

고대 그리스에서 가장 중요한 도서관은 아테네가 아닌 이집트에 의해 건립되었다. 알렉산더 대왕은 문화의 요람으로써 아테네에 버금가는 대도시를 나일강 어귀에 건설할 계획이었으나 자신의 꿈이 이루어지는 것을 보지 못하고 운명을 달리하였다. 그러나 알렉산드리아는 프톨레마이오스 왕조 시대에서 중요한 학문의 중심지가 되었다.

유명한 동양학자 실베스터 드 사시(Silvestre de Sacy)는 알렉산드리아 도서관에 별도의 4개 도서관이 있었다고 주장하고 있다. 4개의 도서관이란 초창기 프톨레마이오스에 의해 설립된 '부루치움(Brucheium)'과 '세라피움(Serapeum)', 그리고 아우구스투스(Augustus) 사원의 '세바스테움(Sevasteum) 도서관', 마지막으로 '알렉산드리아 학교도서관'이다. 이 부분에 대해 자세한 연구는 이루어지지 않았지만 알렉산드리아에 다른 도서관이 있었다는 추측은 가능하다.

그러나 도서관 역사상 알렉산드리아 도서관이라고 일컬어지고 있는 것은 하나의 도서관이 아닌 박물관 및 대학과 연관된 두 개의 도서관이 통합된 것이다. 하나는 기원전 약 290년경에 건립된 부루치움에 있는 주(main) 도서관이며 다른 하나의 도서관은 약 50년 후에 프톨레마이오스 3세 에우르게테스가 건립한 세라피스 신전에 있는 분관인 딸 도서관으로 알려진 세라피움이다.

그러므로 알렉산드리아 도서관은 부루치움과 세라피움으로 불리는 두 도서관 시설의 총칭이다. 이들 두 도서관은 주제 분야로 장서를 소장한 도서관뿐만 아니라 대학 역할도 한 것으로 전해지고 있다. 그 목적은 모든 그리스 문학뿐만 아니라 지중해와 중동, 인도의 다른 언어의 저작을 그리스어로 번역하는 것까지 통합해 거대한 국제적인 연구 도서관을 건립하는 것이었다.

부루치움 도서관은 왕궁 안에 도서관을 포함한 박물관 또는 대학으로 구성되었다. 그러나 도서관과 대학의 기능은 명확히 구분되지 않고 일체화되어 있었다. 부루치움의 조직을 구성하는 주요한 멤버는 학자·문학자·과학자들이었으며 그중 한 사람이 관장이 되어 부루치움의 경영을 맡았다. 학자사서인 데메트리우스를 필두로 부루치움의 도서관장들은 모두 헬레니즘 문화의 저명한 학자·문학자였다. 알렉산드리아 도서관의 학자·문학자들은 각각 전문분야를 가지고 연구 활동을 수행함과

동시에 각지에서 모인 학생들을 종제(宗制)의 형식으로 지도할
때도 있었다.

　장서 수집에서는 적극적인 수서 정책이 이루어졌고 학자들
의 공통 임무는 호메로스(Homeros)로 시작되는 고전 그리스 저
술가의 서적을 필사하고 교정하는 편집 업무였다. 또 히브리어
·중동어 등 여러 나라의 언어로 된 서적을 그리스어로 번역하
는 것도 중요한 업무 중 하나였다. 그러므로 부루치움은 학자
들의 집회장소가 되었고 학문연구의 중추적인 기능을 담당한
도서관이 된 것이다.

　한편 세라피움 도서관은 프톨레마이오스 9세 소테르 2세
라티로스(Ptolemy IX Soter II, Lathyros)의 통치기간 동안 운영되었
고 로마 시대에 재건축된 것으로 보인다. 그것은 아프토니우스
(Aphthonius)의 묘사가 로마의 건물을 언급하고 있는 데서 추측
할 수 있다. 세라피움 도서관에서 도서를 대출했는지 여부와는
관계없이 그들의 마지막 편집의 형태로 문학 작품들의 사본을
보유하고 있었던 '공공도서관'으로 추측된다. 그것은 학자들과
박물관의 공적인 학자가 아니거나 도서관에 출입하지 않았던
다른 지식인들의 수요를 공급하려는 의도였다.

　왕궁 밖에 설립된 세라피움 도서관을 '외부 도서관(또는 제2
도서관)'이라고 지칭하기도 했다. 이 말은 부루치움에 있는 '내부
도서관(또는 제1도서관)'은 박물관 소속의 학자들 외에는 접근할
수 없다는 뜻이다. 4세기의 저술가인 살라미스(Salamis)의 에피
파니우스(Epiphanius)는 『70인역 성서(Septuaginta)』가 브루케이온

에 있는 '첫 번째 도서관'에 비치되어 있다고 언급하면서 이렇게 덧붙였다. "후대에 첫 번째 것보다 작은 도서관이 세라피움에 건설되었는데, 첫 번째 도서관의 자매 도서관으로 불렀다." 그가 '후대에'라고 말한 것은 이 세라피움 도서관을 말하며 '외부 도서관'이라고도 지칭한다. 세라피움 도서관은 '외부 도서관'이기 때문에 일종의 도시국가 시민들에게 열린 공공도서관의 역할을 한 것으로 추측된다.

세라피움 도서관은 4세기에도 여전히 도서관으로써의 기능을 다하고 있었으며 그 증거는 『70인역 성서』와 성경의 해석에 관한 문서들이 보존되고 있었던 곳에 대한 언급을 한 다른 기독교 학자들에 의해 뒷받침된다. 세라피움의 말기인 4세기에 이곳을 방문했던 수사학자 아프토니우스(Aphthonius of Antioch)는 주랑 곁에 책 보관실이었던 벽감(壁龕: 장식을 위해 벽면을 오목하게 파서 만든 공간)이 붙어 있었다고 전하고 있다. 또 연구하기를 원하는 모든 사람에게 도서가 개방되었고 그래서 많은 시민들이 지혜를 찾아 이곳에 몰려들었다고 전하고 있다.

세라피움 도서관은 세라피움의 본관 건물과 마찬가지로 프톨레마이오스 3세 치세에 건립된 것으로 추측될 뿐이다. 일반적으로 세라피움 도서관에 대한 자세한 연구는 아직 상세하게 이루어진 바가 없으며 대개 부루치움 도서관에 관한 내용이거나 이 두 도서관의 확실한 구분 없이 도서관사에서 다루고 있는 실정이다.

이러한 세라피움 도서관의 건립 목적에 대해서 살펴보면 프톨레마이오스 3세 에우르게테스는 왕궁 밖에 그리스와 이집트 국민을 통합하려는 시도에서 프톨레마이오스 1세 소테르가 만든 가상의 신 '세라피스(Serapis)'의 이름을 딴 세라피움 도서관을 건립한 것으로 추정하고 있다.

이 목적과 관련하여 설립연도는 앞에서 기술한 바와 같이 '약 50년 후'라는 어구와 '세라피스 신전 발견을 통하여 원래 프톨레마이오스 사원은 프톨레마이오스 3세가 건축한 것'으로 추정된다. 그러므로 부루치움 도서관 설립 시기를 기원전 290년경으로 추정한다면 두 번째 도서관인 세라피움 도서관은 약 50년 후인 약 기원전 235년경에 설립한 것으로 추산할 수 있다.

세라피움 도서관은 부루치움과 같은 대규모의 도서관은 아니었다. 도서관은 시민에게 공개되었는데 이는 세라피움 도서관이 공공도서관의 성격이 강했던 곳으로 볼 수 있다. 이와 반대로 부루치움 도서관은 왕실 도서관의 성격이 강하면서 오늘날의 연구소나 대학도서관과 비슷하다고 할 수 있다. 세라피움 도서관은 기원전 47년 부루치움 도서관이 파괴된 후 알렉산드리아를 대표하는 도서관이 되었으며 기원전 43년에는 페르가몬 도서관의 20만 권 장서가 이관되어 크게 확장되었다.

그러나 200년 이후는 세라피움 도서관에 관한 기록이 거의 전해지지 않고 있다. 세라피움 도서관 장서에 대해 J. 세티스는 '42,800권을 소장하고 있다'라고 기술하였다. 이것은 세라피움 도서관의 초기 소장 장서수일 것이고 언급한 바와 같이 후에 많은 장서가 추가되었을 것이다. 세라피움 도서관은 현재의 공공도서관처럼 완전히 개방된 형태는 아닐지라도 부루치움 도서관과 비교해 훨씬 더 개방적이었던 점을 감안하면 공공도서관의 성격을 가진 도서관으로 볼 수 있다.

알렉산드리아 도서관 파괴사

알렉산드리아 도서관의 파괴

형태가 있는 모든 것들은 언젠가는 멸망할 운명을 피할 수 없다. 그렇게 생각하면 알렉산드리아 도서관이 수백 년의 긴 세월 존속했었다는 사실 그 자체가 하나의 기적이라고 할 수 있다. 이쯤에서 귀중한 도서관을 멸망시킨 근본적인 원인이 무엇이었는지 묻지 않을 수 없다. 대답은 종교다. 종교는 자주, 특히 자신과 다른 무언가를 믿는 타인에게 비관용성을 가져온다. 그 비관용성 때문에 책과 도서관은 항상 파괴의 대상으로 인식되었다. 물론 책이나 도서관을 파괴하는 행위는 다양하다. 그렇지만 종교가 책이나 도서관을 말살하는 행태는 다른 무엇보다

특이하다. 말 또는 책의 종교라고 하면서 그들을 파괴하는 것이다.

불덩이도 시간이 지나면 식는 것과 같이 프톨레마이오스 왕조가 쇠퇴하면서 자연히 도서관·박물관의 지원도 관심 밖으로 밀릴 수밖에 없었을 것이다. 따라서 더 이상 학자들은 새로운 저술을 하지 않았고 도서관은 단순히 옛 서적을 보관하는 창고로 변모해 갔다. 그러자 전통적인 학자사서가 아닌 군인이나 관료가 도서관장을 맡으면서 도서관이 정치적인 목적으로 사용되기도 하였다.

알베르토 망구엘(Alberto Manguel: 아르헨티나 출신의 작가·번역가·편집자. 세계 최고의 독서가)은 서구 세계가 우리의 모든 것을 대신하는 도서관을 두 상징물로 갖고 있다고 하였다.

> "첫 번째는 결코 도달할 수 없는 하늘까지 닿으려고 세워진 기념물(바벨탑)로 공간을 정복하려는 인간의 욕망에서 시작된 것이기도 하다. 그 욕망에 내려진 벌 때문에 언어가 갈라지면서 오늘날에도 우리는 서로 의사소통을 하는 데 애를 먹는 것이다. 두 번째는 세계 방방곡곡에서 각 언어가 땀 흘려 기록한 자료들을 모아놓기 위해 세운 기념물이다. 이 기념물은 시간을 정복하려는 소망에서 시작해 현재라는 시간까지 완전히 삼켜버린 전설의 불로 끝났다. 공간을 정복하려던 바벨탑과 시간을 정복하려던 알렉산드리아 도서관은 인간의 야망을 상징하는 대표적인 쌍둥이 상징물이다."

이 모든 것은 로고스의 본질을 언급한 것으로 이해된다. 인간은 로고스의 동물이다. 그래서 말이 있고 이를 나타내고자 하는 욕망에서 문자가 고안되었으며 문자를 기록해 책으로 남기고, 그것을 카오스로부터 해방시키기 위해 과학적인 시스템으로 소장할 도서관이 필요하게 된 것이다.

도서관에 관한 가장 논쟁적인 사항 가운데 하나는 기원전 48년 혹은 47년에 카이사르(Julius Caesar: BC 100~44)와 프톨레마이오스 13세 테오스 필로파토르(Theos Philopator: BC 51~47) 사이에 벌어진 알렉산드리아 점령 전쟁에서 도서관이 얼마나 파괴되었는가 하는 문제다. 이 문제에 대한 고대 자료는 야사적인 이야기만 전하고 있을 뿐이다.

알렉산드리아 도서관의 사서들은 하나의 지붕 아래 최대한 많은 책을 보관함으로써 도서관이 책에 무심한 사람에게 맡겨졌을 때 자칫 파괴될지도 모를 위험으로부터 보호하려고 애썼다. 따라서 알렉산드리아 도서관은 생각하고 행동하는 인간의 힘을 상징하는 건물인 동시에 기억에 종지부를 찍는 죽음을 이기기 위해 세워진 기념물이 되었다.

그러나 당시 지배자들과 사서들의 관심에도 불구하고 알렉산드리아 도서관은 사라지고 말았다. 알렉산드리아 도서관이 세워졌을 때 온전한 모습이 어떤 모습이었는지 전혀 모르듯 도서관이 어떻게 사라졌는지에 대해서도 확실히 아는 바가 없다. 갑자기 사라졌는지 점진적으로 사라졌는지도 알 수 없다.

플루타르크(Plutarch: 고대 그리스 시대의 철학자, 정치가 겸 작가)에 의하면 카이사르가 기원전 47년 알렉산드리아에 체류할 때 병기창에서 시작된 화재가 번져 도서관을 완전히 태워버렸다고 하지만 그의 이런 설명은 잘못된 것이다. 카시우스(Gaius Cassius Longinus: BC 85~42)와 오로시우스(Orosius) 같은 학자들은 카이사르가 직접 저술한 『알렉산드리아 전쟁(De bello alexandrino)』과 로마의 역사학자 리비우스를 인용해 당시 화재가 도서관을 태우지는 않았고 로마로 옮겨가기 위해 병기창 옆에 보관해 두었던 약 4만 권의 책을 잿더미로 만들었을 뿐이라고 주장했다.

한편 그로부터 거의 7세기가 지난 후에는 다른 가능성이 제기되었다. 한 기독교 역사서는 이븐 알 카프티(Umar al-Khattab)의 『현인들의 기록(Ta'rikb al-Hukuma)』을 인용해 무슬림 군대의 장군인 암르 이븐 알아스(Amr ibn-al-As)가 642년 알렉산드리아에 입성하자마자 칼리프 오마르 1세로부터 도서관에 불을 지르라는 명령을 받았다며 알렉산드리아 도서관을 파괴한 주범으로 암르 이븐 알아스를 지목했다. 하지만 이 가능성도 지금은 신빙성을 인정받지 못한다. 그런데 기독교 역사서의 저자에 따르면 알렉산드리아 도서관을 가득 채웠던 책들은 공중목욕탕의 물을 데우는 땔감으로 사용되었는데 아리스토텔레스의 저작들만은 다행히 땔감 신세를 면한 것으로 전해지고 있다.

알렉산드리아 도서관은 알렉산드리아 항구 옆에 서 있던 시절부터 하나의 전설이 되었고 오늘날까지도 그 전설은 계속되고 있다. 앗수르바니팔(Assurbanipal: 앗시리아 말기의 왕. BC 669~626)의 왕궁도서관을 제외하고 이 도서관은 하나의 문화유산을 종합적으로 수집하려 했던 최초의 도서관이었다. 그리고 이후 도서관을 건립하려는 모든 국가나 사람들에게 영감을 주는 동시에 절망감을 안겨 주었다. 기원전 48년 알렉산드리아에는 대화재가 발생했다.

도서관의 존재 기간은 기원전 300년경부터 기원후 390년경까지로 알렉산드리아 도서관은 역사 속에서 적어도 450년은 넘게 존재하였다. 그러나 이 도서관의 완전한 파괴(도서관 건물)는 기원후 650년경으로 추정된다.

알렉산드리아 학자들은 도서관에 소장된 소중한 자료들을 통해 자신의 연구와 발견에 도움을 구했다. 그들 주위로는 지식과 창조 작용의 모든 분야를 망라하는 지적·문화적 움직임이 생성되었다. 지식 생산 장소로서의 알렉산드리아 도서관은 그리스·로마 문화의 발전에 매우 중요한 역할을 하였다. 그러나 오늘날에는 이 인간 정신의 기념물이 애석하게도 남아 있지 않다. 알렉산드리아 도서관의 소멸에 대해 역사학자들은 주로 세 가지 가설을 들고 있다. 마지막 설은 필자가 전개한 하나의 가설이다.

첫째, 기원전 47년 카이사르의 공격으로 황실 내에 화재가 발생했고 도서관의 많은 장서가 소실되었다. 이 전쟁 중에 40만 권의 책이 유실됐지만 당시 도서관에 소장된 많은 장서의 수를 생각하면 상당 부분 보존되었다고 할 수 있다. 그 후 안토니(Antony)가 페르가몬 도서관에 소장된 20만 권의 장서를 클레오파트라에게 주어 장서는 어느 정도 유지하였다. 페르가몬 장서가 세라피움에 이관되면서 세라피움 도서관은 크게 확장되었다. 엄격하게 장서의 측면에서만 보자면 알렉산드리아 도서관의 소멸이라고 일컬을 수 없을 것이다. 그 후 서기 270년경 로마의 황제 아우렐리언에 의해 부루치움은 완전히 파괴되었다.

둘째, 기독교 탄생 이후 알렉산드리아 도서관의 역사는 더욱 감춰졌다. 4세기경에는 기독교 문화가 중요한 힘을 갖게 되었으며 테오도시우스(Theodosius: BC 346~395)는 이교도를 붕괴시키라는 법령을 공포하였다. 알렉산드리아 도서관은 이교 사상의 가장 좋은 본보기였고 금과 보석으로 치장된 상형문자와 이집트 여신들이 이교도 배척의 최초 목표가 된 것이다. 서기 391년에는 알렉산드리아 감독인 테오빌로(Theophilus)가 이방 제의(祭儀)를 처단하려는 목적으로 세라피움에 불을 질렀다고도 한다. 결국 서기 391년에 세라피움은 기독교 집단에 의해 침해당했으며 사원은 교회와 수도원으로 바뀌었다. 이 신전은 5만 권의 책을 소장한 일종의 공공도서관이었다.

셋째, 642년경 오마르(Omar) 장군 지휘 하에 무슬림(Muslim)들의 침공으로 남아있던 알렉산드리아 도서관은 남은 일부마저도 망각의 늪 속으로 완전히 사라지게 되었다. 서기 642년 이집트를 정복한 무슬림 점령군은 당시 세계적인 학문의 보고였던 알렉산드리아 도서관의 수많은 서적들을 탈취하고 건물에는 불을 질렀다. 1,000년 동안 이어져 내려오던 알렉산드리아의 학문적 전통이 하루아침에 무너지는 순간이었다. 이후 알렉산드리아는 다시는 학문의 중심 위치를 회복하지 못했다. 이

것이 실질적인 알렉산드리아 도서관의 소멸을 의미하는 것으로 간주될 수 있다.

오마르는 알렉산드리아 시민들을 이슬람으로 개종시키기 원했으며 알렉산드리아 도서관을 파괴하기 위해 다음과 같은 삼단 논법을 사용했다.

만약 알렉산드리아 도서관이
코란에 적대적인 책을 갖고 있다면
그것은 파괴되어야 한다.
만약 알렉산드리아 도서관이
코란의 가르침과 일치하는 책을 갖고 있다면
그것은 불필요하며 따라서 파괴되어야 한다.
알렉산드리아 도서관의 책은
코란의 가르침과 적대적이거나 동조적이다.
고로 알렉산드리아 도서관은 파괴되어야 한다.

대학에서 논리학 입문을 수강한 독자들은 아랍에서 시작되었을 것으로 추정되는 '부주연 중개념(undistributed middle)'의 오류를 예시하는 고전적인 삼단 논법의 예를 기억하고 있을 것이다. 이와 같이 삼단 논법을 통한 오마르의 명령으로 도서관 장서는 알렉산드리아 대중목욕탕의 연료로 사용됐고 6개월 동안이나 열기를 유지했으며, 이후 알렉산드리아에 다시 도서관의 부흥은 없었다.

넷째, 네로의 파괴설이 있다. 이상의 네 가지로 알렉산드리아 도서관 파괴설을 종합할 수 있다.

알렉산드리아의 책들에 도대체 무슨 일이 일어났던 것일까? 사서들이 보기에 책의 운명을 결정한 진짜 이유는 다름 아닌 '시간'이었다. 파피루스를 독점한 사람이 누구였든 간에 폭동을 사주한 배후 인물이 누구였든 간에 불을 지른 황제가 누구였든 간에 그토록 엄청난 세월 앞에서 책의 소실과 파괴는 불가피한 일이었다.

카이사르의 파괴설

알렉산드리아 도서관은 얼마나 오래 존속되었을까? 어떤 이들은 기원전 48년까지 건재하다가 불에 타서 무너져 버렸다고 말한다. 또 다른 이들은 그러한 설은 전혀 사실무근이며 화재가 발생하기는 했으나 건물이 조금 손상된 정도라고 말하기도 한다. 기원전 50년에 카이사르(Gaius Julius Caesar: BC 100~44)는 루비콘 강을 건너 폼페이우스(Pompeius: BC 106~48) 장군이 주도하는 적군과의 내전에 박차를 가하였다. 2년 후 그리스 북쪽의 '파르살루스 전투(Battle of Pharsalus)'에서 카이사르는 결정적 승리를 거두었고 적장 폼페이우스는 알렉산드리아로 도망쳤다. 몇 척의 배와 많지 않은 군사를 이끌고 카이사르는 그의 뒤를 쫓았다.

당시 이집트는 왕족 프톨레마이오스 13세에 의해 지배되고 있었지만 실세를 누리며 섭정을 하던 사람은 포티누스(Pothinus)였다. 그는 어린 프톨레마이오스의 누나인 클레오파트라를 견

제했다. 이에 생명의 위협을 느낀 클레오파트라는 스스로 값비싼 카펫에 싸여 카이사르에게 선물로 보내지는 방법을 택했다. 카이사르는 그녀의 당당함과 아름다움에 매혹되어 사랑에 빠지게 된다.

클레오파트라와 그의 이복 남동생 프톨레마이오스 14세의 전쟁을 돕기 위해 알렉산드리아에 도착한 것이 기원전 48년경이다(이 무렵 도시에 있던 도서관들의 나이는 이미 3백 살에 육박했다). 클레오파트라와 프톨레마이오스 13세는 프톨레마이오스 12세의 자식이었다. 누나와 남동생 사이였던 그들은 결혼하여 아버지의 뒤를 이은 공동 통치자가 되었다. 카이사르가 알렉산드리아에 도착했을 무렵 폼페우스는 이미 배신자들에 의해 죽은 후였으나 카이사르는 그곳에 계속 머물렀다.

그때는 프톨레마이오스 12세의 사후여서 그의 딸인 클레오파트라가 남동생과 왕권 다툼을 벌이고 있었다. 카이사르는 이 매력적인 여인이 왕위에 오르도록 도와주고 그녀를 차지하였다. 프톨레마이오스 13세와 클레오파트라 사이의 논쟁에 카이사르가 연루되었을 때 클레오파트라와 카이사르에 대항해 프톨레마이오스 13세의 측근이자 전능한 전략가인 아킬레스(Achilles)와 환관인 포티누스(Pothinus) 등은 음모를 꾸몄으나 은밀한 계획은 시작 단계에서부터 좌절되었다.

포티누스는 투옥되어 사형에 처해졌지만 아킬레스는 탈출에 성공해 강력한 군대(많은 로마인 탈주자들을 포함하는)를 일으켰고 육지와 바다 양면에서 카이사르를 포위하였다. 이에 카이사르는 강력하게 저항해 계속해서 반격을 시도하였다. 카이사르는 정박하고 있는 프톨레마이오스 14세의 60척이나 되는 배에 불을 지른 후 바다 성벽의 꼭대기에서 항구를 바라보았다.

화재는 빠르게 조선소의 설비들과 강가에 있는 건물로 번져 갔고, 스토아학파 철학자인 세네카(Lucius Annaeus Seneca: BC 4~AD 65)는 이 화재로 약 4만여 권(소문에 의하면 40만 권)의 '최상급' 책이 소실되었다고 전한다. 그런데 이 기록은 도서관에 장서가 그렇게 많이 필요가 없다는 논리, 즉 필요한 책만 있으면 된다는 논리에서 기록된 것이므로 객관적이지 못하다. 그는 1세기경에 대규모의 장서는 필요 없다면서 다음과 같이 매도하기까지 하였다.

소유주가 평생 동안 그 제목도 다 읽지 못할 정도로 많은 책과 도서관이 무슨 소용인가? 책이 너무 많으면 학습자에게 부담만 되며 그다지 도움도 안 된다. 수많은 책들 사이를 방황하기 보다는 몇몇 저자들의 작품에 집중하는 것이 훨씬더 유익하다. 알렉산드리아에서 4만 권의 책이 불타버렸다. 리비우스(Titus Livius: BC 59~AD 17, 로마의 역사가)는 이 도서관이 위대한 왕들의 좋은 취미와 후원의 결과물이라고 말했다. 왕실의 부를 과시하는 기념비적인 이러한 도서관을 찬양하는 일은 리비우스와 같은 사람에게 맡겨두기로 하자.

세네카는 위와 같이 거대한 규모의 장서를 폄하하고 있다. 이러한 평은 사실 장서를 실용적인 측면에서 구입·소장한 것이 아니라 자신의 부를 과시하려 하거나 재산적 가치의 증식으로 소장하는 것, 그리고 가진 자의 사치품이나 장식용으로 구입한 당시 졸부들의 마구잡이식 장서수집 행태를 비평한 것으로 볼 수 있다. 아무튼 위의 언급으로 보면 세네카가 말한 분서(焚書)된 책의 수는 4만여 권에서 40만 권으로 수정되어야 한다는 제안도 나왔다. 이 화재에 대해 기록을 남긴 그 시대 유일의 역사가는 당시 12살이었던 리비우스였는데 이는 별 생각 없이 언급된 듯하다. 그의 진술은 소실되었던 4만 개의 두루마리가 카시우스(Dio Cassius: 로마의 역사가)와 다른 사람들이 정보를 얻었던 세네카에 의해 보존되었다는 것이다.

이처럼 기원전 48년(혹은 기원전 47년)에 클레오파트라와 프톨레마이오스 13세의 내전 과정에서 도서관의 일부(혹은 전체)가 불타버렸다고 전해지고 있다. 카이사르에 의한 도서관의 파괴 규모에 대해서는 많은 이론들이 있다.

알렉산드리아의 폭도들이 로마인에게 대항해 일어났을 때 정치적인 상황은 폭력적 국면으로 치달았고 병력도 별로 갖추지 못한 카이사르는 자신이 위험에 처했음을 깨달았다. 그는 해안 부근의 왕궁 안에 바리케이드를 쳤고, 바로 그 지점에서 그의 선박으로부터 살해당하는 위험을 모면하기 위해 불을 질러 위험에서 벗어났으나 선박 수리소에서 번진 불길이 결국 위대한 도서관을 불태웠다는 것이다. 전기 작가이자 철학자인 플루타코스(Plutarchos)는 카이사르의 전기에서 이렇게 썼다.

전술한 바처럼 카이사르는 그의 후속인 아킬레스가 카이사르의 해상 능력을 제한하려하자 카이사르의 배에 불을 질렀고, 그 과정에서 실수로 도서관을 불태웠다고 한다. 카이사르는 자신의 배에 불을 붙일 수밖에 없었다. 그의 적들이 바다를 통한 통신 능력을 막으려 하자 그는 자신의 배를 태워버렸다. 이 불길은 부두를 태우고 나서 번지고 번져 알렉산드리아 도서관까지 불태우기에 이르렀다.

하지만 이 글은 어디까지나 추정일 뿐이다. 역사가 카시우스는 이에 대해 다른 의견을 내놓았다.

사람들에게 전해지는 바로는 많은 곳에 불이 붙었다. 전투가 벌어진 현장 끝쪽에 있는 많은 곳이 불탔는데 그 결과 다른 여러 건물들과 선박 수리소, 곡식과 책을 저장한 창고들도 불에 탔다. 불에 탄 곡식과 책 모두 방대한 양으로 최상의 상품이었다.

그의 말은 곧 화마에 의한 피해가 도서관 전체에 영향을 준 것이 아니라 해안가를 따라 창고에 저장되어 있던 책에 제한되어 있음을 의미한다. 이때 다수의 훌륭한 책들도 불탔는데 어느 도서관이 불탔는지는 기록되지 않았다고 했다. 이와 관련해서는 다른 사실도 고려해야 한다.

반면 에드워드 기번(Edward K. Gibbon: 18세기 영국의 역사가)은 391년 세라피움의 파괴를 지시했던 알렉산드리아의 주교 데오빌로(Theophilus of Antioch)가 알렉산드리아 도서관의 파괴도 지시했다고 주장했다. 도서관이 파괴된 후 학자들은 알렉산드리아의 다른 지역에 위치한 세라피움을 알렉산드리아 도서관 대신 이용했다고 기술하고 있다.

청동 배짱을 지닌 디디무스(Didymus of Alexandria: 313?~395?, 알렉산드리아 학파의 신학자)는 기원전 48년 후에도 작업 활동을 했는데, 그가 쓴 어마어마한 양의 다양한 저서는 도서관에서 마음대로 좋은 자료를 찾아볼 수 없었다면 불가능했을 것이다. 그리고 알렉산드리아 도서관은 기원전 31년 악티움 전투(Battle of Actium)까지 이어지는 클레오파트라와 안토니우스의 연애 기간에도 분명히 존재했다.

그리고 당시 사람들의 말에 따르면 알렉산드리아에서는 책을 수집해 바로 도서관으로 옮기지 않고 창고에 무더기로 쌓아놓았다고 하여 바로 이 창고에 있던 책이 불탔을지도 모른다고 추정하였다. 하지만 사람들에게 전해진 것만을 근거로 삼은 주장이어서 신빙성이 부족하다.

오로시우스(Paulus Orosius: 385~420, 로마제국 말기 스페인 출신의 신학자)는 카이사르가 전투 도중 항구 쪽에서 지른 불이 도시 쪽으로 번져 근처 건물에 보관되어 있던 40만 권의 책을 태워버렸다고 주장했다. 하지만 이 역시 신빙성이 부족하다. 역사가 암미아누스 마르켈리누스(Ammianus Marcellinus: 330~395)는 고대의 기록에 따르면 70만 권의 장서가 있었고 카이사르의 공격을 받아 전쟁에서 불타버렸다고 하였다.

카이사르의 파괴설과 관련된 많은 주장들이 논란이 되고 있는 이유는 박물관이나 도서관의 정확한 위치를 모르기 때문에 그 진위를 판정하기 어렵기 때문이다. 그리고 도서관에 화재가 났으면 왕궁 전체가 피해를 입었을 텐데 스트라보가 기록하기를 정작 카이사르 자신은 "화재가 발생했을 때 왕궁 단지에 머물러 있었다"라고 기록하고 있다. 또한 그는 알렉산드리아의 건물들이 목재나 나무를 사용하지 않았기 때문에 화재에 비교적 안전했다고 기술했다.

게다가 만약 도서관이 파괴되었다면 카이사르의 적들, 가령 키케로 같은 사람이 그 사실을 분명히 지적했을 것이다. 더군다나 전쟁이 끝나고 20년 후에 알렉산드리아를 방문해 도서관을 보았다는 진술은 건물이 완전히 파괴되지 않았음을 시사한다. 하지만 이렇게 부분적으로 모순되는 정보들로부터 어떤 확실한 결론을 이끌어 낼 수는 없다. 어쩌면 책들을 보관해 둔 창고 혹은 도서관 컬렉션의 일부가 파괴되었는데 이 이야기가 후대로 가면서 부풀려져 도서관 전체가 불타버렸다는 전설이 생겼는지도 모르는 일이다.

일설에 의하면 알렉산드리아 도서관의 화재 발생은 부두의 곡식 창고와 기타 건물을 불태운 그 유명한 화재 사건으로부터 기인한다는 설이 그 하나다. 역사가 카시우스는 도서관도 함께 불탔다고 전하고 있으나 카이사르 자신은 『내전(Caesar's Civil War)』이라는 자신의 책에서 폼페우스를 지원하러 온 배들과 알렉산드리아에서 경계를 서고 있던 22척의 전함들만 불태웠다고 기술했다.

안토니우스는 카이사르가 벌인 알렉산드리아 전쟁 때 화재로 소실된 책들에 대한 보상으로 페르가몬 도서관의 장서 20만 권을 훔쳐 클레오파트라에게 선물로 주었다고 전해지고 있다. 이러한 이야기의 출처는 플루타르크가 남긴 글로 다음과 같이 기록되어 있다.

카이사르의 부하인 칼비시우스(Calvisius)는 안토니우스의 죄상을 매도하면서 그의 비행 가운데 이러한 것도 있었다고 비난했다. 안토니우스는 페르가몬의 도서 20만 권을 클레오파트라에게 헌정했다.

플루타르크는 계속해서 이렇게 기록하고 있다. "이러한 죄상은 칼비시우스가 비열하게 날조한 것이다." 위 인용문 중에서 '헌정했다'에 해당하는 그리스어는 애매모호하여 '제공했다' '선물로 주었다' 등으로 해석할 수 있다. 이 서책 20만 권은 세라피움 도서관 확장에 사용되었다고 전해지기도 한다. 아무튼 플루타르크는 그 20만 권의 책이 알렉산드리아로 수송되었다고 명시적으로 언급하지 않았고 그 이야기의 사실성을 의심한 듯하다. 그러니 페르가몬의 도서 20만 권을 클레오파트라에게 주었다는 이야기는 사실에 근거하지 않는 이야기거나 야사로 보인다.

도서관 장서 수를 둘러싼 알렉산드리아와 페르가몬의 경쟁은 우연치 않은 사건으로 싱겁게 끝났다. 카이사르의 암살에 뒤따른 로마 내전 이후 페르가몬을 비롯한 동로마 지역은 안토니우스의 관할로 들어갔다. 이집트의 마지막 파라오인 클레오파트라와 사랑에 빠진 안토니우스는 페르가몬의 모든 장서를 클레오파트라에게 선사했다. 클레오파트라는 이를 모두 알렉산드리아로 옮겼다. 이로써 이미 50만 권을 헤아리던 알렉산드리아 도서관의 장서 수는 70만 권으로 늘어났다. 고대 세계에서 장서 수로 세 번째 간다는 에페수스(Ephesus)의 셀수스(Celsus) 도서관이 가진 책이 3만 5천 권이었음을 생각한다면 엄청난 양의 장서라 할 수 있다.

전쟁을 겪으면서 박물관 내의 도서관은 파괴되었다. 프톨레마이오스 왕조의 멸망 후 로마의 황실에서 도서관을 관리하였으나 272년경 아우렐리우스(Marcus Aurelius) 황제 때 내전으로 인해 왕궁과 부루치움 도서관이 파괴되었다. 마르셀리누스는 "알렉산드리아는 다른 도시들처럼 서서히 확대된 것이 아니며 아예 처음부터 그렇게 넓게 터를 잡았고 오랫동안 내분에 시달렸다. 그러다 여러 해가 지난 후, 아우렐리우스 황제 시대에 이르러 내전은 치명적인 갈등으로 비화되었고 도시의 성벽은 파괴되었으며 오랫동안 저명한 사람들의 거주지였던 브루케이온이라는 지역은 대부분 사라졌다"라고 하여 박물관 내의 도서관이 완전히 파괴된 것은 아마도 272년일 것이라고 주장하였다.

또한 윌리엄 쉘프는 기원전 48년 카이사르와 프톨레마이오스 8세와의 전투에서 처음 불바람이 일어났고 부두를 불태운 후 도서관에 불이 옮아 붙어 파괴됐다고 기록했다. 2세기 무렵 로마의 역사가 겔리우스(Aulus Gellius: 123?~165?)는 그의 저서

『Attic Nights』에서 카이사르의 군사가 부두에 불을 놓는 과정에서 실수로 도서관을 불태운 것으로 기록하고 있다.

『알렉산드리아 전쟁』의 익명의 저자는 이집트 해군을 공격하기 위해 놓았던 불이 파피루스로 가득 찬 '상점'을 불태웠다고 기록했다. 하지만 브루키온 주변 알렉산드리아 도서관의 위치에 대한 지리학적 연구 결과에 따르면 이 상점 혹은 불태워졌다는 도서관은 알렉산드리아 도서관이 될 수 없다. 가장 설득력 있는 설명은 이 역사가들이 '책더미' 또는 '장서'를 뜻하는 단어 'bibliothekas'와 '도서관'을 뜻하는 'bibliotheka'를 혼동했다는 것이다. 따라서 그들은 부두 주변의 책들이 불태워졌다는 기록을 알렉산드리아 도서관의 파괴와 연결한 것으로 보인다.

도서관의 책과는 별개인 다른 책들이 불탄 것이든 도서관의 책들이 실제로 불탄 것이든 로마의 스토아 철학자 세네카는 알렉산드리아 도서관 4만여 권의 책들이 모두 불탔다고 기록하고 있다. 로마의 황제 마르쿠스 아우렐리우스는 로마 제국 동쪽을 점령하고 나서(BC 40~30) 페르가몬에 위치한 세계에서 두 번째로 큰 도서관을 약탈했다. 그리고는 카이사르의 방화 때문에 불태워진 알렉산드리아 도서관의 책들을 대체하기 위해 약탈한 책들을 클레오파트라에게 선물했다. 아바디(Abaddi)는 이 이야기를 반 아우렐리우스 선전에 이용했다. 테오도르 브리토스(Theodore Vrettos)는 방화에 의한 피해를 다음과 같이 기록했다.

37개의 군단을 태운 로마 갤리선은 소아시아를 떠나 마침내 이집트 연안에 도착했다. 그러나 역풍에 의해 그들은 알렉산드리아로 진격할 수 없었다. 로키아스에 정박한 이집트 함대 역시 로마군을 어려움에 처하게 했다. 하지만 로마군의 기습적인 공격으로 이집트 함대는 모두 불탔고, 불길은 바람을 타고 먼저 항구와 함께 주위의 건물들까지 함께 태우고 수천 개의 책이 보관된 건물까지 불태웠다. 역사가들은 실수로 이 사건을 알렉산드리아 도서관이 불태워진 것으로 보았지만 사실 알렉산드리아 도서관은 항구와 먼 곳에 있었다. 이 불길에 의한 피해 중 가장 치명적이었던 것은 조선소, 무기고, 그리고 곡물과 책을 보관한 창고가 불탄 것이었다. 이때 거의 4만여 권의 책이 불탔는데, 알렉산드리아 도서관과는 별개로 알렉산드리아에서 로마를 비롯한 많은 나라로 수출된 내력이 적혀있는 출납부와 원장이 함께 소실되었다.

사실 알렉산드리아에는 알렉산드리아 도서관 말고도 다른 도서관이 최소 두 개는 더 존재했다. 세라페이온 신전의 도서관과 세사리온 신전의 도서관이다. 알렉산드리아는 1세기부터 6세기까지 세계 과학과 문학의 중심지로 번성했는데, 이는 알렉산드리아 도서관이 파괴된 이후에도 이 두 도서관에 보관된 수많은 책과 참고문헌들에 의해 가능했다. 알렉산드리아 도서관은 왕족과 일부 학자들만 이용 가능했던 반면 이 두 도서관은 대중에게 열려있었다.

도서관의 파괴에 대해 기원전 28년 스트라보의 『지리학 (Geography)』에서도 설명을 찾을 수 있는데, 사실 이 책은 도서관을 특정하게 언급하지는 않았다. 다만 그는 불이 나기 전 알렉산드리아를 방문했을 때 본 지도를 나중에 방문했을 때는 찾지 못했다고 했다.

아바디는 이 언급을 증거로 도서관이 파괴되었다고 추론했다. 하지만 문맥을 자세히 확인하면 이 설명의 신뢰도가 굉장히 떨어진다는 것을 알 수 있다. 책에 의하면 불길과 인접한 '무세이온'은 아무런 이상이 없었다고 했다. 다시 말하자면 한 건물이 완벽하게 파괴되었는데 바로 옆의 건물은 아무런 이상이 없었다는 뜻이다. 또한 스트라보가 도서관을 언급하지 않았다고 해서 도서관이 파괴되었다는 뜻으로 해석할 필요는 전혀 없다.

마지막으로 위에서 말했듯이 스트라보는 알렉산드리아 박물관의 상위 기관인 '무세이온'을 언급했다. 그리고 그의 다른 언급을 통해 그와 다른 역사가들이 무세이온과 세라페이온, 알렉산드리아 도서관에 대해 명확하게 건물 단위로 구분 짓지 않았다. 이것을 통해 알렉산드리아 도서관이 아니라 그 상위기관을 언급했다고 해서 도서관이 파괴되었다고 말할 수는 없음을 알 수 있다. 그는 뛰어난 지리학자였고, 따라서 그가 본 지도가 희귀하고 소수만 이해 가능한 수준의 것일 가능성이 높다. 이것이 시간이 흐르면서 소실되고 복구가 되지 않아 그가 20여 년 후 재방문했을 때 찾지 못했을 가능성도 다분하다.

알렉산드리아 도서관은 스트라보의 첫 알렉산드리아 방문 (BC 25) 이후에, 그리고 플루타르크가 언급한 기원후 2세기 전에 불탔을 것이다. 만약 그렇지 않다면 플루타르크와 그 이후의 역사가들이 도서관의 파괴를 언급하고 그 원인으로 율리우스 카이사르를 지목하는 실수를 하지는 않았을 것이다. 카이사르의 방화보다는 다른 원인에 의해 도서관이 불탔을 가능성이 높다. 그 원인으로 3세기 후반에 있었던 팔미라의 여왕 제노비아(Zenobia)와 로마의 황제 아우렐리아누스의 전쟁이 지목되고 있다.

앞서 살펴본 도서관 파괴에 대한 기록들을 종합해본다면 도서관이 소장하고 있던 많은 기록이 유실된 시기는 팔미라의 여왕 제노비아의 반란을 억압하려던 로마황제 아우렐리아누스가 도시를 점령했을 때로 보인다. 도서관이 위치한 곳에서 전투가 일어나 도서관에 큰 피해를 입힌 것으로 추정된다. 세라페이온 신전의 도서관은 파괴를 면했지만 4세기경 보관하고 있던 일부의 기록들이 새로운 수도를 장식하기 위해 콘스탄티노플로 옮겨졌다.

이설(異說)에 따르면 카이사르의 군대가 도서관에서 책을 가져가려 하자 알렉산드리아의 시민이 그 반출을 막으려 항구의 배에 불을 질렀고, 그 불이 도시와 도서관으로 옮겨 붙었다는 설도 있다. 카이사르의 환심을 사려던 클레오파트라가 알렉산드리아의 책들을 페르가몬에 있는 도서관으로 옮기려고 했다고도 한다. 한때는 이집트인들의 도서수집 경쟁이 증가하는 것을 방지하기 위해 파피루스의 선적을 금지했다는 이야기도 전해 온다. 알렉산드리아가 당대 최고의 도서관이었고 한참 후에야 그와 대등한 규모의 도서관이 출현했다는 데는 이론의 여지가 없다. 알렉산드리아 도서관이 소장했던 두루마리의 수는 백만 권 정도에 이르렀다고 추정하고 있으나 정확하지 않다. 그 소실에 관해서도 여러 설이 있는데 일설에는 테오필루스(Patriarch Theophilus)의 명령으로 서기 391년 파괴되었다는 설도 있다.

소아시아 북서쪽에 있는 페르가몬의 에우메네스 2세(Eumenes II: BC 197~158)는 아테네 사원 부근에 세계에서 두 번째로 위대한 도서관을 건립했다고 하는데, 이는 단지 19세기 고고학자들의 탐사를 통해 알려졌을 뿐이다. 알렉산드리아 도서관 건물 잔해의 발견은 다른 도서관 건물의 잔재를 확인하는 데 일조했지만 그 소장 장서에 대해서는 단지 추정에 의존할 뿐이다. 도서관 건물은 하나의 트인 진열장과 2층으로 된 주랑(柱廊)식 현관과 4개의 부속실로 되어 있다. 이는 열린 공간에 도서관을 건립한 건축가의 고대 건축 개념을 보여 주는 것으로 이러한 건축양식은 오늘날에도 적용되고 있다.

알렉산드리아 도서관은 후대의 로마 제국 아래에서 활발하게 사용되었다는 증거가 있는데 황제가 도서관장을 임명하였다는 기록이 있고 클라우디우스(Claudius: BC 10~AD 54)가 도서관을 증축했다는 기록도 있기 때문이다.

대체로 많은 책이 소실되었던 이유는 전문가들이 도서관의 토대를 형성할 수 있도록 직무상의 권위에 의해 행해졌던 배열 때문인 듯하다. 도서관이 완전히 파괴되었기 때문에 도서관의 근본적 토대에 속해 있었던 얼마간의 책 수집은 알렉산드리아가 아랍에 의해 함락되었던 7세기 중반까지 거슬러 올라간다. 하지만 이 방면의 일부 권위자들은 대부분의 책은 창고에 보관되어 있었기 때문에 정작 불에 탄 책은 얼마 되지 않았다고 주장한다. 사실 이 책들은 카이사르의 명령에 따라 로마행 배에 선적될 날을 기다리고 있었을 가능성이 크다. 세네카의 추산이 정확하다고 하더라도 뮤즈의 신전에 있는 도서관에만 70만 개의 두루마리가 보관되어 있었던 점을 고려하면 이는 빙산의 일각일 뿐이었다. 그 이후에도 화재가 여러 번 났다는 소문이 전해지고 있다.

이러한 근거로 카이사르 시대에 도서관이 파괴되었다고 말하는 것은 명백히 잘못이다. 리비우스가 개인적으로 책을 점검하고 사본에 대한 기준이 완벽했다고 의도하지 않았다면 처음에 '완벽한 상태로' 보존되고 있었던 책에 대한 묘사는 그들의 순서보다도 그것들을 만든 양피지와 파피루스에 관해 언급되어 있었을 것이다. 어쨌든 카이사르가 2개 국어 사용의 도서관을 건립하기 위해 알렉산드리아 도서관의 귀한 책들을 외국으로 보낼 것을 결정했다 하더라도 가장 합리적인 제안은 그것들이 도서관이 내놓을 수 있었던 복제된 사본이었든 카이사르 명령에 따른 특별한 새 사본이었든 둘 중 하나였다는 것이다.

불행하게도 프톨레마이오스 시대의 알렉산드리아와 로마의 책 무역에 대해서는 아무 것도 알려진 바가 없다. 우리가 분명하게 알 수 있는 것은 알렉산드리아 중심지가 아랍에 의해 점령당했을 때, 고대 시대와 17세기를 아울러 파피루스 두루마리

생산과 수출에서 유일한 중심지였기 때문에 그 무역이 파피루스와 관련되어 있다는 점이다.

하지만 카이사르가 죽고 나서 알렉산드리아를 방문한 사람들은 여전히 대규모 도서관들이 존재하고 있었다고 증언한다. 아우구스투스(Augustus: BC 63~AD 14) 황제 통치기에 활동했던 작가로 예수의 탄생을 기록한 스트라보는 알렉산드리아 도서관의 도서관 실태를 꿰뚫고 있었던 같다.

하지만 플루타르크는 이 이야기의 진실성에 의혹을 제기한다. 수에토니우스(Suetonius: 로마의 역사가)는 2세기 로마황제 도미티아누스(Titus Flavius Domitianus)가 화재로 소실된 아우구스투스의 팔라티노(Palatino) 도서관을 복구하기 위해 알렉산드리아의 학자들을 고용했다고 쓰고 있다. 이를 통해 그때까지도 알렉산드리아에는 필사본 제작에 필요한 귀중한 자료들을 소장하고 있는 지식 공동체, 곧 도서관이 있었다는 추측을 해볼 수 있다. 그러다 3세기에 들어와서 아우렐리우스 황제가 악명 높은 팔미라(Palmyra)의 여왕 제노비아와 전쟁을 벌이는 과정에서 남아 있던 도서관들마저 완전히 파괴된 것 같다.

칼리프 오마르의 파괴설

서기 642년경 칼리프 오마르(Caliph Omar: 634~644)의 명으로 사라센 장군 아무르(Amur)의 지휘 하에 이슬람교도들의 침공으로 남아있던 알렉산드리아 도서관 일부분마저 파괴되면서 고대 알렉산드리아 도서관은 사라지게 되었다는 주장이 있다.

기원전 87년 로마 시대의 막강한 권력자이면서 정치가, 장군이었던 술라(Lucius Cornelius Sulla: BC 138~78)의 부하 루쿨루스(Lucius Licinius Lucullus: BC 118~56)는 그의 개인 도서관에 멋진 원고들을 많이 소장하고 있었기 때문에 상당한 명성을 얻었다. 도서관의 문은 언제나 개방되어 있었고 산책로와 열람실은 모든 그리스인에게 무료로 개방되었다.

플루타르크에 따르면 그리스인들은 일과를 마친 후 그 도서관으로 달려가는 것이 마치 뮤즈의 거처에 들어가는 것처럼 즐거운 일이었다고 한다. 그들은 도서관의 정원에서 산책하거나 열람실에서 책을 읽으면서 행복한 시간을 보냈다. 그의 집은 그리스인을 위한 '영빈관(prytaneum)'처럼 되었다. 그리하여 로마를 방문하는 그리스인들은 그곳에서 지적인 환대를 받으며 여흥을 즐길 수 있었다.

알렉산드리아가 아무르에게 함락당했을 때, 아리스토텔레스 학파의 필로포누스(John Philoponus: 490~570)는 고령의 나이임에도 그곳에 살고 있었다. 사실 그는 알렉산드리아 도서관의 마지막 사서였다. 아무르는 필로포누스를 만나 책들을 왕실의 금고에 자물쇠를 채워 보관하라고 말했다. 그러나 필로포누스는 아무르에게 그것을 자유롭게 연구할 수 있도록 놓아두라고 요청했다. 아무르는 염려하며 그의 말을 들었고 필로포누스에게 도서관에 대해 더 알고 싶으니 자신에게 도서관의 역사에 관해서 이야기 해달라고 부탁했다. 필로포누스는 그가 정확하다고 믿었던 『아리스테아스의 서한』에 근거해 말해주었다. 그러자 준법적이고 이슬람교도로 훈련된 아무르는 이 이야기를 오마르에게 전달하겠다고 약속하였다. 그는 전달하겠다는 이 약속을 수행했지만 오마르의 답장이 도착하기까지는 많은 시간이 지체되었다. 이는 아무르에게 프톨레미 왕조의 역사에 대해 더 알아볼 수 있는 약간의 시간을 가져다주었다.

하지만 이슬람에 투항했던 그리스인이 필로포누스가 언급했었던 수집품은 프로펫(Prophet)이 탄생하기 전에 소실되었다고 주장하면서 문제는 복잡하게 되었다. 아무르는 진실을 추구하기로 하고 필로포누스와 유대인 의사, 필라레투스(Philaretus)라는 이름의 역사가와 함께 세라피스(Serapis) 사원의 폐허로 갔다. 거기에서 그들은 보조 도서관의 약간의 유물과 이교도 사원의 유물을 발견하였다.

고등교육을 받은 필라레투스는 마르셀리우스가 화재를 내서 그곳을 파괴했고 카이사르를 비난해 소문을 냈던 모든 부정확한 정보들을 없애기 위해 온 힘을 다했고, 알렉산드리아 도서관을 따라 전설에 근거한 긴 강연을 하기 시작하였다. 그 이야기는 오로시우스 같은 진실을 덮어버리려고 하는 훗날의 작가들에게로 옮겨갔다. 아랍인 기록가는 우리에게 아무르는 프톨레미 왕조의 알렉산드리아 도서관의 명성에 어울리는 책 수집품을 찾았는지에 대해, 찾았다면 책들이 어떤 상태에 있었는지 알려주지 않았다. 그러나 마침내 전달자가 오마르의 답장을 가지고 도착했다. 오마르의 의견은 간결했고 어떤 논쟁의 여지도 남기지 않은 채, 코란 그 자체의 가치에 대해 강력하게 말했다. 물론 오마르의 명령에 순종하였다.

사건의 변형에 대한 진실성에서 필로포누스의 연루가 필수적이라면 그가 알렉산드리아가 함락되기 몇 십 해 전에 죽었기 때문에 전 이야기가 허구임은 분명하다.

기원전 47년 알렉산드리아 도서관의 소실과 642년 오마르의 명령에 따른 책의 소실은 많은 전설과 추측들이 만들어질 수 있었던 두 가지의 큰 줄거리이다. 그러나 역사적 사실은 기독교의 지배와 필연적인 고전 연구의 공백에 의해 방향을 잡기가 어렵다. 그러나 서적 애호적 전통의 변동이 지적 세계에 일어났고 파피루스 두루마리의 계승자로서의 사본이 등장했기 때문에 우리가 어떤 강력한 결론을 이끌어내고 진실을 폭로하고 싶어 한다면 우리는 신화와 전통의 진실로부터 다른 방향을 따라야 한다는 것을 보여준다.

아미르 이븐 엘아스(Amr ibn el-Ass: 573~664)가 알렉산드리아를 함락시켰을 때, 그는 오마르에게 편지를 썼는데 그 내용은 다음과 같다.

나는 서방의 위대한 도시를 함락시켰다. 나는 이 가치와 고귀함을 어떻게 묘사해야 할지 모르겠다. 내가 말할 수 있는 전부는 4,000개의 별장, 4,000개의 공중목욕탕, 400개의 극장과 놀이 공간, 1만 2,000개의 식료품 가게와 4만 명의 유대 국민이 거기 있었다는 것이다. 도시는 협정 없이 군대의 힘으로 장악되었다. 충실한 신봉자들은 승리의 기쁨을 즐기기를 기다릴 수 없다.

그러나 아무르는 교양 있는 사람이었다. 그는 자신의 군대가 알렉산드리아를 약탈하는 것을 허락하지 않았고, 그 도시를 되찾으려는 비잔틴 군사들의 반복되는 시도에도 복수심을 자극받는 것을 거부했다. 그리고 그는 알렉산드리아를 '매춘부의 집처럼 모든 사람에게 열겠다는, 도시의 벽들을 허물기 위해 돌아다니겠다는' 약속을 지켰다. 그의 군대에 강탈하는 것을 그만두도록 설득했던 그 현장에 그는 〈Mosque of Clemenc〉라고 부르는 이슬람교 사원을 지었다.

기독교도들에 의한 파괴설

정통이든 이단이든 관계없이 고대의 책들은 항상 그 존재를 위협받아 왔다. 종교적 박해의 폭풍이 새롭게 휘몰아칠 적마다 이교들은 기독교 문서들을 모조리 소각했고, 기독교 쪽에서도 자신들에게 우세한 국면이 조성되면 이교도 문물에 대해 비상한 관심을 두고 보복을 강행했다.

톰슨(James Thompson)은 그의 '고대 도서관사'에 관한 논문에서 초기 기독교도들은 이슬람교도들만큼이나 광신적이었으며 능히 도서관을 파괴할 사람들이었다고 지적한다. 수세기 동안 도서관은 일련의 절취와 약탈 행위로 피해를 입었으며 결국 남은 장서는 뿔뿔이 흩어지고 분실되었다. 단지 도서관의 파괴와 함께 사라진 고대 세계의 지식, 그리고 후대가 결코 누리지 못할 풍요로운 헬레니즘 문화에 대해 우리는 추정만 할 뿐이다.

하지만 이 시기에 이르면 유대인과 신플라톤주의자와 같은 이교도보다 문화적으로 우월하다는 것을 입증하고자 혈안이 돼 있던 기독교인들의 수중에 떨어지면서 도서관은 이미 쇠퇴의 길을 걷고 있었다. 그들에게 도서관을 가득 채운 그리스의 풍부한 문화유산은 눈엣가시 같은 존재였다. 그들의 분노는 4세기에 이르러 절정에 달했다.

2세기에 자진해서 순교를 당하는 그리스도교인들을 목격함으로써 그리스도교로 개종했다고 주장하는 테르툴리아누스(Quintus Tertullianus: 155~230)는 본인 역시 한때는 로마의 공개적 박해가 터무니없을 정도로 잔혹한 것을 즐기며 지켜보았다고 자백했다. 그러나 그는 그리스도교인이 된 후에도 그와 같은 피투성이의 수난을 여전히 즐긴 것 같다. 최후의 심판 때 이교도들에게 닥칠 운명을 소름 끼치도록 폭력적으로 분명 재미삼아 그려 놓았을 것이다.

구경거리를 원한다면 모든 장관 가운데 가장 위대한 장관인 최후의 영원한 심판을 고대하라. 그 많은 지상의 군왕들, 거짓 신들이 암흑의 가장 낮은 심연에서 신음하는 것을 볼 때 나는 얼마나 찬탄하고 얼마나 웃고 얼마나 기뻐하고 얼마나 의기양양하겠는가. 주의 이름을 박해한 그 많은 관원이 교인들을 화형에 처했던 것보다 더욱 격렬한 불길 속에서 녹아내리는 것을 보리라. 현자라고 불린 그 많은 철학자가 그들의 기만적인 제자들과 더불어 시뻘건 불길 속에서 타오르는 것을 보리라. 그 많은 유명 시인들이 미노스의 법정(Court of King Minos)이 아닌 그리스도의 법정에서 부들부들 떠는 것을 보리라. 그 많은 극작가는 자기 자신의 수난의 노래를 흐드러지게 부르리라.

그리고 그는 계속해서 그의 적대자들이 영원히 받게 될 소름 끼치는 형벌을 기뻐한다. 그는 불과 몇 세대 후에 그런 형벌이 실제로 수많은 이교도에게 가해지리라는 것을 전혀 몰랐다. 최후의 심판 때가 아니라 4세기 로마 가톨릭 교회가 이교 신앙을 말살할 때!

문자주의 그리스도교가 로마 제국의 국교로 채택되자 문자주의자들은 이교도들에게 잔혹한 테러를 가했다. 이교도 예언자들은 체포되어 그들의 신이 가짜라는 것을 시인할 때까지 고문을 당했다. 사제들은 그들의 성소에 사슬로 묶인 채 굶어 죽었다.

고발을 뒷받침하는 아무런 증거가 없는데도 이교도들은 어린애들을 제물로 바쳤다는 고발을 당해 신들의 제단에 그들의 피를 뿌렸고 그들의 창자로는 현악기 줄을 만들었다. 그들은 처참한 고문을 당한 후 저지르지도 않은 죄를 자백하고 처형당했다. 산채로 화형을 당한 사람도 많았다. 일부 고대 성소는 능욕을 당한 후 철저히 파괴되었고, 더러는 징발되어 강제로 그리스도교 교회로 개조되었다. 이교도의 위대한 종교 저술들은 대규모로 소각되어 세상에서 영원히 사라지고 말았다. 한 목격자는 이렇게 기록했다.

책을 산더미처럼 쌓아 놓고 판사들이 지켜보는 가운데 불을 질렀다. 금서를 소유한 자의 장서는 모조리 재가 되었다. 모든 사람이 엄청난 공포에 사로잡혔다.

이교 신앙이 공격을 당한 것은 존재하지도 않는 신들을 잘못 숭배했기 때문이 아니었다. 신이 정말 병자를 고치고 미래를 예견하는 기적을 일으킬 수 있었는지는 논란의 대상이 되지도 않았다. 다만 이교도의 신들은 어수룩한 사람들을 속이고 기만하기 위해 마법을 부리는 악마로 간주하였다. 이교도의 '다이몬[10]'은 사악한 '데몬(악마)'이 되었다. 따라서 이교 신앙은 말살되어야 했다. 4세기 중반 한 주교는 그리스도교인 황제 콘스탄티누스(Constatinus: 274~337)에게 이렇게 요구했다.

우상 숭배의 범죄를 모든 면에서 혹독하게 박해해야 하는 것은 지고하신 하나님의 율법에 따라 황제에게 명해진 것입니다. 통촉하소서! 그런 범죄에 관하여 하나님이 명하신 것을 듣고 믿으소서. 그 아들도 형제도 용서하지 말라고 하나님은 명하십니다. 칼을 들어 그 아내의 수족을 베라고 명하십니다. 그 친구 또한 아주 심하게 박해하고 신성을 더럽히는 민족의 몸을 갈가리 찢기 위해 모두 무기를 들라고 명하십니다. 그러한 범죄를 저질렀다는 것이 밝혀지면 그 도시까지도 모두 파괴하라고 명하십니다.

383년에 로마의 이교도 원로원 의원인 심마쿠스(Symmachus)

는 너무나 참담한 나머지 그리스도교인 황제 발렌티니아누스 (Flavius Valentinianus) 2세에게 종교적 관용을 호소했다. 그는 다음 과 같이 호소했지만 헛일이었다.

모든 숭배는 같은 것으로 여겨져야 합당합니다. 우리는 같은 별, 같은 하늘을 봅니다. 그것은 모두 같은 우주에 속합니다. 각자 진리를 찾는 방법이 다르다고 한들 무슨 상관이겠습니까? 우리는 그 위대한 비밀에 이르기 위해 유일한 하나의 길로만 갈 수는 없습니다.

386년 무렵에는 근본주의에 사로잡힌 광신도 수도사 무리가 로마 제국 전역에서 피에 굶주려 날뛰고 있었다. 그들은 완전히 법의 통제를 벗어났다. 이교도인 리바니우스(Libanius)는 황제에게 개입을 요구하며 이렇게 호소했다.

폐하는 신전을 폐쇄하라거나 아무도 신전에 들어가지 말라고 명하지 않았습니다. 폐하는 신전과 제단의 불과 분향을 배격하지 않았습니다. 그러나 검은 복장을 한 이 폭도들은 엄연히 법이 있는데도 법을 무시하고 곤봉과 돌, 쇠몽둥이를 들고 다니며 신전을 짓밟으며 더러는 맨손, 맨발로 짓밟습니다. 그래서 신전은 완전히 파괴되어 지붕이 내려앉고 벽이 무너지고 석상이 끌어내려지고 제단이 뒤집어지고 사제들은 입을 다물지 않으면 죽음을 당합니다. 첫 신전이 파괴되면 두 번째, 세 번째 신전으로 달려갑니다. 그리고 법을 어기면서 전승 기념비를 철거해 첩첩이 쌓아 올립니다. 대부분의 교외에서 이런 일이 일어나고 있지만 더러는 도시 안에서도 이런 일이 일어납니다. 그런 짓을 저지르는 자들은 너무나 수가 많은데 작은 무리로 흩어져서 이루 헤아릴 수 없는 만행을 저지른 후 함께 모여 무슨 짓을 했는지 서로 다투어 자랑하다가 최고의 만행을 저지르지 못한 것을 부끄러워합니다.

한 익명의 이교도(390년대)는 참담한 심정으로 이렇게 예언했다.

내가 죽을 무렵에는 남아 있는 성소가 없을 것이다. 위대한 세라피스 신전도 형체 없는 어둠 속으로 사라질 것이다. 지상에서 가장 아름다운 것들이 있던 자리에는 거짓말처럼 텅 빈 어둠만이 괴괴할 것이다.

391년 6월 16일, 마침내 테오도시우스(Flavius Theodosius) 황제는 모든 이교도 신전을 폐쇄하라는 칙령을 내렸다. 그리스도교인 폭도들은 기회를 놓치지 않고 즉각 알렉산드리아의 세라피스 신전으로 달려가 초석만 남겨 놓은 채 완전히 파괴해 버렸다. 황제는 또 "그리스도교에 적대적인 모든 책을 불태워라. 그책들이 하나님의 분노를 사지 않도록, 그리고 경건한 자들을 오염시키지 않도록 하라" 그러자 문맹자 수도사들은 수천 년 동안 축적되어 온 지혜와 과학적 지식을 이교도의 미신으로 취급해 닥치는 대로 말살해 버렸다. 그 수도사들을 가리켜 인간을 닮았지만 돼지처럼 산다고 말했던 이교도 작가 에우나피우스(Eunapius of Sardis)는 절망적인 심정으로 이렇게 썼다.

검은 복장을 한 자들은 모두가 횡포한 자들이다.

415년 알렉산드리아의 대주교 키릴로스(Kyrillos: 376~444)[11]는 수도사들을 시켜 한 교인 폭도를 선동해서 알렉산드리아 도서관의 마지막 이교도 과학자를 살해하게 했다. 그 과학자는 '히파티아(Hypatia: 355~415)'라고 불린 여성이었다. 그녀는 사지가 갈가리 찢겼고 키릴로스는 성자가 되었다.

콘스탄티누스 치하에서는 그리스도교가 로마 제국의 이교도 종교와 동등한 지위를 가진 것으로 기록되어 있다. 반세기 후 테오도시우스(Flavius Theodosius) 치하에서 그리스도교는 인간이 믿어야 할 유일한 종교로 선포되었다. 테오도시우스는 395년에 사망했다. 정확히 15년 후 로마는 서고트족의 발길에 무참히 짓밟혔다.

고대 세계의 가장 위대한 제국의 심장부이자 자랑스러운 이 도시는 여러 신을 섬기며 천 년 동안 번영해 왔다. 그런데 그리스도교로 개종한 기독교도들은 이슬람교도만큼이나 수많은 경이적인 유물과 성취를 파괴하였고, 그 후 얼마 되지 않아 로마는 멸망하고 말았다(476년 서로마 제국 멸망). 그리스도교는 미트라스(Mithras: 고대 페르시아의 빛과 진리의 신) 신앙이나 다른 이교 신앙이 실패한 로마 제국에서 하나의 종교로 성공하지 못했다. 사실상 그리스도교는 로마 제국의 몰락을 동반한 종교였다.

문자주의 그리스도교가 로마 제국의 국교가 된 후에도 영지주의(Gnosticism)[12]는 여전히 강력한 세력을 유지했다. 4세기에도 여전히 이단적 교인들이 많아 예루살렘의 키릴로스는 신자들에게 이렇게 경고해야 했다. "실수로 영지주의 교회에 발을 들여놓지 않도록 조심하라!" 테오도시우스 치하에서 이집트의 성직자와 수도사 사이에 이단자가 너무나 많아 티모테우스 (Timotheus) 주교는 일요일마다 강제로 고기를 먹게 함으로써 채식주의자인 영지주의자들을 솎아냈다.

철학자 시네시우스(Synesius)는 명백히 영지주의자였는데도 키레네의 주교로 선출되기까지 했다. 그는 알렉산드리아의 이교도 과학자인 히파티아와 함께 플라톤 철학을 연구했고 부활을 신성한 미스테리아(Mysteria: 밀교)의 비유로 여겼다. 그는 유일하게 참된 종교는 철학이라고 가르쳤다. 그리고 종교적 이야기와 의식은 철학자가 아닌 자들을 위해 철학적 진리를 대중적으로 표현한 것에 지나지 않는 것이라고 가르쳤다. 그러나 정통을 부르짖는 당대 상황에서 그는 주교로서 은밀히 철학화하지 않고 공개적 노선을 따르겠다고 약속해야 했다. 하지만 그는 여전히 새로 세례를 받은 사람을 위해 부활절 의식 대신 입문식을 치르게 했다. 그것은 정통 그리스도교보다 이교도의 미스테리아와 관계된 것이었다.

영지주의가 계속 인기를 유지하자 로마 교회는 강제로 그리스도교를 통합하기 시작했다. 테오도시우스는 영지주의를 금하는 100개의 법안을 통과시켰다. 그래서 그들의 믿음, 모임, 입문, 재산 소유 그리고 궁극적으로 존재 자체를 불법화했다. 포고령 하나를 예로 들면 다음과 같다.

이 법령에 따라 다음과 같이 알린다. 노바티아누스파(Nova tianists), 발렌티누스파(Valentinians), 마르키온파(Marcionists), 파울리키우파(Paulicians), 너희의 교리는 거짓과 허영으로, 파괴적이며 악의적인 범실로 가득 차 있다! 우리는 너희에게 경고한다. 누구도 이 시간 이후 모임을 갖는 것을 금지한다. 이 법령을 어길 경우, 너희가 모임을 한 모든 가옥을 몰수해 그것을 즉각 가톨릭 교회에 넘겨주게 될 것이다.

마침내 381년에 테오도시우스는 이단을 국가 반역죄로 규정했다. 영지주의 저술은 '금지되기만 해서는 안 되며 전부 파괴하고 불태워야 할 것' 그리고 '온갖 사악함의 온상'으로 매도되었다. 모든 철학적 토론은 전적으로 억압되었다. 그리고 이렇게 포고되기도 했다.

너희는 공개 석상에 나가서는 안 되며 종교에 대해 어떤 주장을 해서도 안 된다. 토론하거나 조언을 해 주어도 안 된다.

5세기 초 알렉산드리아의 막강한 대주교인 키릴로스를 위해 악역을 수행한 어떤 수도원장은 이단적 그리스도교 공동체를 공격하며 다음과 같이 위협했다.

너희가 키릴로스 대주교를 인정하지 않으면 너희 대부분의 목이 베일 것이며 간신히 목숨을 구한 자들은 추방될 것이다.

가톨릭 그리스도교의 위대한 대변자 아우구스티누스는 사

람들은 겁을 주어야만 말을 듣기 때문에 강압 조치가 필요했다는 말로 당시의 분위기를 전해 준다. 군사력은 이단자를 억압하기 위해 필수 불가결한 것이었다. 아우구스티누스는 이렇게 선언했다. "스스로 두려움으로 가득 차 있는 나는 너희도 두려움으로 가득 차게 하겠다." 바울의 사랑과 그노시스의 영적 종교는 로마 교회의 복종과 테러의 종교가 되었다.

문자주의는 어떻게 영지주의를 이길 수 있었을까? 영지주의는 그 특성상 신비한 것을 좋아하는 사람들의 마음을 끌었다. 반면에 문자주의는 제도적 종교를 신봉하는 것에 관심이 있는 사람들의 마음을 끌었다. 영지주의자들은 개인적 계몽에 관심이 있었고 교회를 만드는 것에는 관심이 없었다. 그들은 문자주의자들에게 승리할 수가 없었다. 왜냐하면 승리하고 싶다는 생각을 하지 않았기 때문이다.

문자주의는 원래 그리스도교의 공개적 미스테리아였고 입문자를 영적인 길로 이끌기 위한 준비 단계로 만들어진 것이었다. 환상적인 마법과 기적 이야기를 들려주며 세례를 받고 믿기만 하면 불멸성을 얻게 된다고 약속하는 공개적 미스테리아는 은밀한 미스테리아보다 대중적으로 더 호소력을 가질 수 있도록 의도된 것이었다.

이교 신앙과 영지주의는 본래부터 관용적이었다. 그것은 신화를 기초로 했기 때문이다. 다른 종파는 다른 신화를 믿었지만 그렇다고 해서 서로 대립적이지는 않았다. 다양성이 수용 가능했던 것은 내적 의미를 중시할 뿐 외적 표현은 따지지 않았기 때문이다. 그러나 문자주의는 본래부터 편협했다. 예수는 하나이며 유일한 하나님의 아들이고 신자들은 그것을 역사적 사실로 인정해야 했다. 그러니 그리스도교는 그런 역사성을 따지지 않는 다른 모든 종교와 대립할 수밖에 없었다.

게다가 문자주의는 신을 믿지 않는 모든 사람이 영원한 저주를 받도록 정해져 있다고 했다. 따라서 문자주의 그리스도교인들은 자신의 믿음을 전파할 도덕적 의무를 갖게 된다. 가능한 한 많은 영혼을 구하는 데 필요하다면 강제로라도 믿음을 전파해야 한다. 그러다 죽는 한이 있더라도 말이다. 이교 신앙과 영지주의에 대한 로마 교회의 공격은 종교적 성전(聖戰)이었고 하나님이 부여한 의무였다. 자기만이 옳다는 편협성은 그처럼 성스러운 것이 되었다.

약 1,500년 전 광신적 그리스도교 수도사들도 문화혁명을 일으켰다. 그때 고대의 경이로운 유적과 이교 신앙의 문화적 업적이 잿더미가 됨으로써 서구문명은 1,000년이나 퇴보하고 말았다. 이교도 유산을 그처럼 막무가내로 파괴한 것은 서구 역사상 최대의 비극이 아닐 수 없다. 잃어버린 유산의 규모는 이루 헤아릴 수 없다. 이교도의 신비주의와 과학적 탐구 정신은 독단적 권위주의로 바뀌었다. 로마 교회는 영적 구원에 이르는 길을 스스로 생각하고 탐구할 수 있는 권리를 부인하며 위협과 폭력으로 그들의 신조를 강요했다. 고대의 위대한 문화유산이 잿더미가 되는 동안 성 아우구스티누스는 문자주의자의 근본주의 신앙이 승리했음을 이렇게 선포했다.

『성서(Bible)』의 권위에 입각한 것 외에는 어떤 것도 받아들여서는 안 된다. 인간의 모든 정신력보다 『성서』의 권위가 더 위대하기 때문이다.

고대인들은 피라미드와 파르테논 신전을 세웠지만 유럽의 그리스도교인들은 몇 백 년이 지나는 동안 벽돌집을 짓는 방법도 잊어버렸다. 기원전 1세기에 포시도니우스(Posidonius)는 행성들의 궤도를 충실하게 반영한 태양계의 아름다운 공전 모형을 만들었다. 서기 4세기 말경에는 하나님이 매일 밤마다 하늘에 별을 설치한다는 것을 믿지 않는 것은 신성 모독으로 간주하였다. 기원전 3세기에 알렉산드리아의 학자 에라토스테네스는 불과 몇 퍼센트의 오차 이내에서 지구의 둘레를 정확히 추산해 냈다. 그러나 서기 4세기 말경에는 지구가 평평하다는 것을 믿지 않으면 이단자로 몰렸다.

5세기 초에 활동한 신학자, 이집트 알렉산드리아 총대주교였던 데오빌로(Theophilus: '신이 사랑한'이라는 뜻의 이름)[13]는 세라피스 신전 터에 교회를 지으려 했다. 그는 먼저 기독교도들을 풀어 이교도 신전을 파괴하도록 부추겼다. 이에 도서관과 도서관의 책들도 똑같이 파괴의 길을 걸을 수밖에 없었다. 여러 가지 정황으로 추측하건대 300년 후, 오마르의 포고를 둘러싼 이야기가 사실이었는지는 차치하더라도 알렉산드리아의 파피루스가 적어도 한 번 이상 화마의 희생양이 되었던 것만은 분명한 듯하다.

기독교 역사가 오로시우스에 의하면 391년 알렉산드리아의 그리스도교 대주교인 데오빌로는 도시의 신전들 가운데 하나를 교회로 전용하려 했다. 하지만 이교도들이 저항하자 시가전이 발발했고 상당수의 신전들이 파괴되었다. 데오빌로는 테오도시우스 1세로부터 세라피움 도서관을 포함해 신전들을 폐쇄해도 좋다는 허가를 받았다. 이후 장서는 훼손되었고 당시 사람들에 의해 서가가 비워지기 시작했다. 결국 세라피움은 391년경 신전을 교회화 하는 과정에서 사라진 것으로 추정된다.

위에서 살펴본 것 외에도 테오도시우스는 391년 포고령을 내려 로마의 국교 가톨릭 외의 종교를 믿는 행위를 이교라 칭하고 불법으로 간주했다. 무세이온과 세라페이온에 있는 모든 도서관은 이교도 신전 구역에 위치하고 있었고, 가톨릭이 국교로 정해지고 나서는 이러한 이유로 보호받지 못했다. 알렉산드리아의 신전들은 391년 데오빌로에 의해 모두 문을 닫았다. 콘스탄티노플의 소크라테스(Sokrates: 그리스의 기독교 사학자)는 440년 그의 책 『교회사(Historia Ecclesiastica)』 15권에서 알렉산드리아의 신전들이 파괴된 경위를 다음과 같이 설명했다.

알렉산드리아의 주교 데오빌로의 요청으로 황제는 알렉산드리아에 있는 이교도 신전들의 파괴를 명했고 데오빌로에게 이 집행을 맡겼다. 데오빌로는 이교 의식을 비방하는 데에 모든 노력을 총동원했다. 그는 먼저 미스테리움(Mysterium)을 제거했고 그들이 행하는 피의 의식을 대중에 공개했다. 그 다음엔 세라페이온을 파괴했고 역시 터무니없는 미신을 공개했다. 또 남성 생식능력의 신 프리아포스(Priapus)의 남근을 광장 중앙에 전시하기도 했다. 알렉산드리아의 통치자와 이집트군의 총사령관은 데오빌로를 도와 이교의 신전을 파괴하기 시작했다.

세라페이온은 알렉산드리아 도서관의 일부였지만 이것이 파괴될 당시 얼마나 많은 책이 소장되어 있었는지는 알려지지 않았다.

소크라테스의 기록은 도서관이나 그 내용물에 대해 언급이 없었고 다만 종교적인 것에만 국한되어 있었다. 더 이전의 아우렐리우스 기록에 의하면 얼마나 많은 책이 세라페이온에 보관되어 있었던 지에 상관없이 4세기 말 무렵에는 하나의 책도 보관하지 않았다. 비기독교도 작가 사르디스의 에우나피오스(Eunapios)는 이것에 대해 증언했는데, 그가 학자였고 또 기독교를 혐오했음에도 불구하고 세라페이온 파괴 당시의 도서관에 대한 언급은 없다.

서기 642년, 알렉산드리아는 아무르 이븐 알 아스(Amr ibn al-As)의 이슬람교도 군대에 점령당했다. 바그다드의 압드 알 라티프(Abd al-Latif)는 알렉산드리아 도서관이 칼리프 오마르의 명령을 받은 아무르에 의해 파괴되었다고 기록했다. 또 『학자의 역사(History of Learned Men)』에서 같은 얘기를 했다. 이 사건에 관한 가장 긴 기록은 아부 알 파라즈(Abū al-Faraj)로도 알려진 시리아의 기독교 작가 바르 헤브라에우스(Bar Hebraeus: 1266~1286)가 남겼다. 그는 『Chronicum Syriacum』의 초록을 아랍어로 번역한 것에 내용을 추가했는데 그의 책 『Historia Compendiosa

Dynastiarum』에서 존 그라마티쿠스(John Grammaticus)가 아무르에게 알렉산드리아 도서관의 책을 가져와 달라고 요청했다고 기록했다.

알 마크리지(Al-Maqrizi: 1364~1442) 역시 세라페이온에 대해 말하면서 이 사건에 대해 언급했다. 이븐 할둔(Ibn Khaldun: 1332~1406)의 기록에 따르면 오마르가 페르시아의 책들에 대해서도 비슷한 결정을 내렸다고 한다. 이 이야기는 콥트 교회(Coptic Church)에 의해 1920년대까지 받아들여졌지만 그 이후 많은 반론이 나왔다.

3세기에 카라칼라(Caracalla: 186~217)가 이 도시를 약탈했을 때 도서관은 얼마나 손해를 입었고 또 어느 정도 박물관이 원래의 형태를 유지했는지 불분명하다. 또 테오도시우스 황제와 데오빌로 총대주교가 부추긴 군중이 어느 정도 이 기관에 손실을 입혔는지도 알 수 없다. 특히 데오빌로는 391년 현지의 독재자들에게 세라피움에 있는 책들을 불태워 버림으로써 이교도 사상을 박멸해야 한다고 주장한 인물로 널리 알려졌다.

『아리스메티카(Arithmetica)』는 디오판투스(Diophantus: 246?~330?)가 알렉산드리아에 머물면서 기존에 있던 문제와 다시 만들어진 문제를 종합하여 꾸민 논문집이다. 이 책은 총 13권으로 이루어졌으나 무지했던 중세 암흑기를 거치면서 반 이상이 소실되어 페르마(Pierre de Fermat: 1601~1665)를 비롯한 르네상스 시대의 수학자들에게 전수된 것은 여섯 권뿐이었다. 하지만 이 여섯 권도 시련을 겪어야만 했다. 그 후 일어난 폭동과

전쟁으로 거의 소멸의 위험을 당했지만 다행히도 지식을 옹호한 클레오파트라에 의해 알렉산드리아 도서관으로 옮겨지게 되었다. 이리하여 알렉산드리아 도서관은 예전의 명성을 되찾게 된다. 그 뒤 알렉산드리아 도서관은 세계 각지에서 수집된 진귀한 서적들로 계속 쌓여갔으나 서기 389년 갑자기 들이닥친 종교전쟁으로 치명적인 타격을 입게 된다.

도서관이나 왕후의 장서에 대한 방화와 약탈은 신의 이름 아래 집단으로 자행되었고 무수한 옛 호화 사본들은 금은보석을 떼어낸 뒤 소각되거나 길가 시궁창에 버려졌다. 전례서 이외의 모든 책과 『성서』까지도 금기시되었던 이 종교개혁의 동란시대는 역사상 최대의 책 수난기였다.

고대 이집트의 상형문자를 비롯해 태고의 문자란 신들이 발명한 신성한 것이었다. 그래서 문자를 읽고 소유하는 행위는 신으로 여겨진 왕이나 그의 곁에서 책을 관장하는 신관에게만 허용된 주술적인 의미가 있었다. '신관문자'나 '신성문자'란 이러한 사상을 반영해 태어난 것이다.

네로와 알렉산드리아의 대화재, 그리고 로마 도서관의 부활

그리스 신화에 의하면 프로메테우스(Prometheus)와 그의 동생 에피메테우스(Epimetheus)는 인간을 만드는 일과 인간과 다른 동물들에게 그들의 종족 보존을 위해 필요한 능력을 주는 일을 담당하였다. 에피메테우스는 여러 동물에게 용기와 기운, 민

첩함, 지혜의 천품을 주었고 어떤 동물에게는 날개를, 다른 동물에게는 발톱을, 또 다른 동물에게는 단단한 껍데기를 주었다. 그러나 사람에게 어떤 특수한 천품을 주어야 할 차례가 왔을 때, 에피메테우스는 지금까지 가지고 있던 것을 다 써버렸기 때문에 인간에게 줄 것이 남지 않았음을 알았다. 인간이야말로 다른 어떤 동물보다 우월해야 할 터인데 말이다. 당황한 에피메테우스는 하는 수 없이 형 프로메테우스와 의논했다.

프로메테우스는 아테네의 도움을 얻어 하늘로 올라가 태양의 수레에서 횃불을 옮겨 붙여 내려왔다. 제우스신이 감추어 두었던 불을 훔친 것이다. 그는 이 불을 인간에게 넘겨주었다. 이 선물을 받고 나니 인간은 다른 어떤 동물과도 비길 바가 아니었다. 인간은 불로 무기와 농사짓는 기구를 만들 수 있었고 집도 따뜻하게 할 수 있었다. 불이 있기 때문에 화폐도 만들 수 있었고 예술을 발달시킬 수도 있었다. 이렇게 인간을 위해 불을 훔친 죄로 제우스는 프로메테우스를 코카서스(Caucasus)산 위의 바위에 묶어놓고 독수리가 간을 빼먹게 하는 형벌을 주었다. 간은 빼 먹히는 대로 새로 돋아나 그는 계속 고통을 받아야 했다.

사실 이 끝없는 악형도 타협하려고만 한다면 언제라도 끝날 수 있었다. 왜냐하면 프로메테우스는 어떤 비밀을 알고 있었는데 그것은 제우스가 왕위를 계속 지킬 수 있도록 하는 것이었다. 만약 이것만 발표한다면 제우스의 애호를 받을 수도 있었지만 프로메테우스는 그런 비열한 짓을 하지 않았다. 그는 지금도 코카서스 산에서 끝없이 독수리에게 간을 쪼아 먹히는 고통을 겪고 있다. 영국의 시인 바이런은 '프로메테우스'라는 시에서 그를 다음과 같이 묘사했다.

> 그는 인간의 현실이 아무리 고통스럽더라도 신들이 능멸해도 좋을 것으로는 여기지 못하게 했던 불멸의 눈을 가진 이였다. 그는 그리스인들이 가장 소중히 여겼던 가치인 인간과 자유의 다른 이름이었으며 부당한 고통을 견디는 고결한 정신, 억압에 항거하는 투쟁의 상징이었다.

그래서 기존의 제도와 질서에 이의를 제기하는 불온한 사람들에게는 늘 그의 이름이 따라붙었다.

프로메테우스의 불 이후 화재의 원인은 방화, 실화, 자연발화, 천재지변에 의한 발화 등이 있었다. 불은 인류 문명의 탄생을 준 소중한 선물이기도 하지만 화재 때문에 입은 피해는 문명사회가 짊어진 커다란 사회문제이기도 하다. 판도라의 상자처럼 선물이자 곧 재앙이기도 한 불, 어쩌면 그 때문에 프로메테우스는 신의 권위에 도전했다는 죄명을 쓰고 혹독한 벌을 받았는지도 모르겠다. 불과 함께 탄생한 문명이 그 불로 인해 파괴된 역사 속의 사건 중 하나가 바로 로마제국 시대의 대화재가 아닐까 한다.

서기 64년 7월 18일 로마의 한 기름 창고에서 우연히 일어난 작은 화재가 시내로 번지면서 대화재가 발생하였다. 네로 황제가 불타는 로마를 보면서 노래를 불렀다는 설이 있으나 이는 잘못 알려진 사실이다. 네로 황제는 화재 소식을 접하자마자 휴가를 중단하고 이재민을 위한 사태수습에 노력을 기울였다. 그럼에도 민심은 여전히 안정되지 않았으며 네로 방화설까지 나돌았다. 그러자 일부 과격파들이 소수 기독교인에게 화재의 책임을 돌려 탄압하였다. 이후 네로는 로마를 재건한다며 호화 궁전을 짓게 했다. 이 화재로 알렉산드리아 도서관의 잔재(로마로 가져온 알렉산드리아 도서관의 장서 중 일부)는 잿더미 속으로 산화한다. 마지막 남은 인류의 지식 자산이 화형에 처해지고 만 것이다.

54년에 클라우디우스(Claudius) 황제가 죽고 17살의 네로가 황제 자리에 올랐다. 네로는 자신의 지위를 지키기 위해 정적들을 가차 없이 죽이는 등 폭군으로 변해갔다. 어린 나이에 왕좌에 오른 그는 '성격 결함'이라는 치명적인 단점을 안고 있었다. 황제 자리를 빼앗길까 두려워 친동생을 살해하고 권세욕이 강한 어머니도 귀찮다는 이유로 살해하였다. 또 그의 스승 세네카조차도 반역을 도모했다는 혐의로 자살하게 만들었다. 이렇게 심리가 불안정한 폭군 아래 로마 사회도 더없이 불안해졌다.

기강이 문란했던 당시 로마의 기준에 비추어서도 그의 사생활은 추문 투성이었다. 이슬람교도들만큼이나 광신 사람들에게 더욱 고통스러웠던 일은 자작의 연극과 오페라를 모든 사람이 관람해야 한다는 그의 고집이었을 것이다.

네로는 황제가 된 다음 5년 동안 선정을 펴다가 그 다음부터 갈피를 잡지 못하고 삽시간에 몰락하고 말았는데, 그의 운명이 하향곡선을 그리기 시작하는 전환점이 되는 사건은 서기 64년 여름에 발생한 로마 대화재 사건이다. 당시 네로 황제는 언덕에서 불길에 휩싸인 로마를 내려다보며 악기를 연주하면서 '불타는 트로이'를 노래했다고 한다.

64년 로마의 대화재는 아흐레 동안 도시를 닥치는 대로 파괴한 뒤에야 진화됐다. 이 화재로 수천 명이 목숨을 잃었고 수십만 명의 이재민이 발생한 것으로 추정된다. 서책 역시 얼마나 타버렸는지는 계산이 안 된다. 도시 14개 지역 중 4개 지역만 피해를 면할 수 있었다. 타키투스(Publius Cornelius Tacitus: 56~117)의 기록에 의하면 3개 지역은 완전히 파괴됐고 7개 지역은 시커멓게 그을린 폐허가 되어버렸다.

당시 화재로 그리스 문화 유적뿐만 아니라 로마에서 가장 오래되고 신성시되던 기념물들이 상당수 소실됐다. 그 가운데는 로마제국 제2대 누마 황제(Emperor Numa)의 황궁과 로마의 수호신 상이 보관돼 있던 베스타 신전(Temple of Vesta), 그리고 로마의 건국자 두 사람 중 한 명인 로물루스(Romulus)가 직접 헌당한 쥬피터 신전(Temple of Jupiter) 등이 들어 있었다. 역사가 수에토니우스(Suetonius)가 말한 바로는 로마 대화재로 그때까지 보존돼 온 중요한 고대 기념물들이 모조리 소실됐다. 450년 전 갈리아인들이 로마를 약탈한 이래 그토록 가혹한 시련은 없었다고 해도 과언이 아니었다. 이 화재로 알렉산드리아 도서관의 흔적마저 사라지게 되어버렸다. 만약 네로가 작위적으로 로마의 화재를 일으켰다면 '알렉산드리아 도서관의 마지막 파괴자'라는 명에는 네로에게 돌아갈 수밖에 없다.

1099년 7월 팔레스타인을 점령하여 예루살렘 왕국을 건설한 십자군들은 야만인들로 알려진 아랍인들의 발달한 학문적 수준에 놀랐다. 특히 천문학과 기하학 분야에서는 도저히 상상할 수 없을 정도로 그들을 압도했다. 이 모든 것이 알렉산드리아 도서관에서 탈취했던 그리스어와 라틴어 책들을 아랍어로 번역해 계속 연구한 결과였다. 고향으로 돌아간 십자군들에 의해 다시 전파된 신학문의 영향으로 유럽에서는 대학이 생겨나고 나아가 르네상스를 일으키는 원동력이 됐다. 서기 전 306년에 최초로 설립된 알렉산드리아 도서관의 전통이 오늘날까지 이어진 것이다. 그리고 알렉산드리아 도서관이 후대의 로마 제국 아래에서 활발하게 사용되었다는 증거로 황제가 도서관장을 임명했다는 기록이 있고, 클라우디우스(Claudius: BC 10~AD 54)가 도서관을 증축했다는 기록이 있는데 이 기록은 충분한 그 근거가 된다.

카이사르는 '거상과 같이 세계를 거머쥐었을 시기에' 공공도서관을 설립하려 함으로써 로마의 문화적 위상을 높이려는 계획을 하고 있었다. 로마의 공공도서관은 카이사르에 의해 시작되었다. 카이사르는 클레오파트라를 돕기 위해 알렉산드리아를 처음 방문했고, 거기서 알렉산드리아 도서관을 보게 되었다. 이후 카이사르는 로마에 공공도서관 건립을 계획한 것이다.

기원전 44년 암살되기 직전 카이사르는 "그리스 책과 라틴어 책을 소장한 도서관을 공공의 사용을 위해 최대한 웅대하게 건립하기로 하였다. 그리고 도서관을 설립하고 조직하는 일을 바로(Marcus Terentius Varro: BC 116~27)[14]에게 위임하겠다"라고 선언했다.

바로는 『도서관론(De Bibliothecis)』을 저술했고 로마의 백과전서가였으므로 이 프로젝트의 책임자 업무를 맡는 것은 합당한 처사였을 것이다. 그는 알렉산드리아 도서관을 모델로 하여 로마에 유사한 도서관을 건립할 계획을 세웠다. 그러나 그 꿈을 실현하지 못하고 세상을 떠났다. 그러나 '3월 15일'[15]은 왔고 이와 함께 카이사르의 모든 웅대한 계획은 중단되었다.

그러나 이 계획은 몇 년 뒤 카이사르의 지지자 중 한 사람인 정치가이자 지휘관, 시인, 역사가인 폴리오(Asinius Pollio: BC 75~AD 5)에 되살아났는데, 그는 존경받는 작가였을 뿐만 아니라 로마에서 가장 위대한 세 명의 시인인 카툴루스(Gaius Valerius Catullus: BC 84~54)와 호라티우스(Quintus Horatius Flaccus: BC 65~8), 베르길리우스(Publius Vergilius Maro: BC 70~19)와 같은 문학의 권위자들을 포함하는 동호회 회원이었다.

실제로 카이사르가 죽은 뒤 잇따른 충돌이 일어나는 동안 베르길리우스의 재산이 몰수되지 않도록 안전하게 지켜준 것은 바로 폴리오의 도서관 건립 계획이었다. 기원전 39년에 폴리오는 군사적 원정을 성공리에 마친 뒤 전리품을 싣고 로마로 돌아왔다. 이 전리품은 카이사르가 청사진까지 만들었던 로마의 첫 공공도서관을 만들어낼 수 있는 자금을 제공해 주었다.

카이사르가 사망한 후 그의 지지자이자 당시의 존경받는

작가였던 폴리오는 카이사르의 유지를 이어받아 기원전 39년경 '로마 포럼(The Aventine)' '자유의 신전(Libertas temple, Atrium Libertatis)'에 로마 최초의 공공도서관을 건립했다. 폴리오는 마케도니아의 부총독으로서 획득한 전리품을 이용해 두 개의 열람실을 마련하고 그리스어 작품과 라틴어 작품 수장실로 구분하여 역대 시인과 웅변가의 조각상을 장식하였다고 한다. 이렇게 구획 짓는 구조는 카이사르가 그린 청사진을 따른 것이었는데 후에 설립되는 모든 로마의 도서관에 적용되었다. 이 도서관은 건물 자체가 사라져버렸고, 단지 여러 기록물을 통해서만 그 존재가 알려졌다.

예외적인 일로 폴리오 도서관은 당시의 작가이며 존경받는 석학인 바로를 포함하여 저명 작가들의 상으로 훌륭하게 장식되었다. 바로가 기원전 27년에 사망했으므로 도서관은 바로가 사망하기에 앞서 12년 동안 어떤 시점에서 개관한 것으로 볼 수 있다. 이는 로마도서관의 역사에서 새로운 시대의 시작을 의미한다.

아우구스투스(Augustus: BC 63~AD 4)는 로마의 역사가 시작된 팔라틴(Palatine) 언덕에 팔라틴 궁전과 함께 도서관을 세웠다(아폴론 신전의 도서관 또는 팔라틴 도서관). 그 뒤를 이은 황제들도 아우구스투스처럼 자신이 거처하는 궁에 한두 개의 도서관을 지었다. 로마도서관 가운데 최대의 것은 로마 제국의 판도를 최대로 했던 트라야누스(Marcus Ulpius Trajanus: 재위 98~117) 황제가 113년에 세운 울피아 도서관(Bibliotheca Ulpia)으로 그리스어와

라틴어 두 문헌의 부분으로 나누어져 있었다. 또 이 도서관은 제국의 문서관 역할도 수행하였다. 서기 370년 로마에는 29개의 도서관이 있었다고 한다. 마찬가지로 유사한 도서관이 총독 지배의 지방에도 점차 생겨나고 있었다. 1세기경에 29개의 도서관이라는 숫자는 경이적이다. 이는 로마가 지혜를 사랑한 민족이었음을 상징한다.

로마 황제들은 자신의 궁전이나 신전에만 도서관을 짓지 않고 로마 시민을 위해 도서관을 세웠다. 아우구스투스 황제는 그리스의 마케르(C. Licinius Macer)에게 운영을 맡겼다. 이후 저명한 학자 히기누스(Higinus)를 영구 관장으로 임명하였는데 폴리오의 도서관을 모방하여 그리스어, 라틴어 문헌을 각각의 방에 보관하고 벽을 따라 책을 배열하고 방 가운데 열람실을 배치하였다. 이는 종래의 그리스식 배치, 즉 작은 여러 개의 방으로 구성해 서고를 위주로 하고, 주랑에서 열람하는 방식에서 탈피한 로마식 도서관의 전형이 되었다.

황제 아우구스투스 치하에서는 두 개의 대규모 공공도서관이 세워졌다. 하나는 기원전 28년에 팔라틴 언덕에 있는 아폴로 신전에 세운 팔라틴(Palatine) 도서관이었으며, 또 하나는 기원전 33년에 세워진 옥타비아 도서관(Bibliotheca Octaviana)으로 마르스(Mars) 평야에 있는 주피터 신전의 옥타비아 홀(Porticus Octavia)에 설치되었다. 이러한 도서관에는 각각 여러 명의 조수를 둔 관장이 있고, 도서관 직원은 'librarii'라 불렸는데 노예 계급에 속했다. 그러나 그 책임자는 기사 계급에 속하거나 황제로부터 자유민이 된 사람이었다.

아우구스투스의 후계자들도 공공도서관 건설에 뜻을 두고 있었다. 베스파시아누스(Vespasianus: 9~76)는 71년에 로마에 11개의 공공도서관을 건립하였는데 이들 도서관에는 예루살렘에서 입수된 전리품이 장식되었다. 그밖에 카피톨린(Capitoline) 언덕에도 215년경에 카라칼라에 의해 만들어진 장대한 목욕탕에 도서관이 있었다고 한다.

이 도서관은 자유민 학자인 가이우스 멜리소스(Gaius Melissos)가 운영토록 하였으나 지금은 그 흔적을 찾아볼 수가 없다. 공공도서관에는 교육을 받은 노예들과 자유인이 된 노예들도 드나들었으나 주로 로마의 역사를 보관하고 역사가들에게만 개방하려는 데 목적이 있었고 작은 도서관들은 즐거움을 만끽하려는 오락의 욕구를 채워주는 문학책들을 취급하였던 것으로 추측하고 있다.

문헌상으로나 고고학적인 자료를 토대로 볼 때 스페인 출신의 황제 하드리아누스(Hadrianus: 76~138)도 아테네에 우아한 도서관을 세우고 있음을 추측할 수 있다. 이 도서관은 120개의 원주로 이루어진 주랑(柱廊)을 갖고 있으며 그림과 조각도 있었다고 한다.

이처럼 로마인들은 알렉산드리아 대도서관을 흔적도 없이 파괴하는 마지막 임무를 수행하면서 한쪽에서는 공중목욕탕의 부속 건물로 하여 인류 역사상 최초의 공공도서관 건립에 열중하였다. 몸의 때를 깨끗이 씻어낸 뒤 마음의 양식을 얻으려는 로마인들의 지적 욕구는 지식의 끝없는 환상을 보는 듯하다.

마치며

이상을 요약하면 알렉산드로스가 죽은 뒤 그의 휘하에서 사령관으로 활동했던 프톨레마이오스는 이집트로 들어가 이집트의 마지막 왕조가 되는 '프톨레마이오스 왕조'를 세웠다. 이 왕조를 지식 강국으로 만들기 위해 기원전 280년 프톨레마이오스 2세는 알렉산드리아의 왕궁 내에 연구교육기관인 '무세이온(Museion)'을 설립했다. 이는 학문의 전당으로서 유럽 근세에 이르기까지 '무세이온'에 견줄 만한 기관은 없었다.

'무세이온'은 데메트리우스의 진언에 따라 프톨레마이오스 I세 소테르가 왕궁 안에 창립, 프톨레마이오스 II세와 III세 당시 가장 번성했다. '무세이온'은 처음 프톨레마이오스 왕가에 의해, 그리고 나중에는 로마 황제의 후원 아래 기원전 140년에서 서기 80년 사이에 크게 융성했다. '무세이온'의 기능을 후원하기 위해 〈Bibliotheca Alexandrina〉를 설립하였다.

〈Bibliotheca Alexandrina〉 창립 연대에 대해서는 불확실한 점이 많다. 그것은 '창립'이라는 말의 의미에도 근거하지만 〈Bibliotheca Alexandrina〉의 창립 연대는 몇 가지 맹아로부터 즉 건물, 장서 등의 물질적인 기초 확립까지를 포함한 넓은 의미에서 해석하지 않을 수 없다. 기존 연구자들은 대개 창립 연도에 대해 명확한 기술은 하지 않고 있다. 따라서 광의의 의미에서 본다면 〈Bibliotheca Alexandrina〉의 창립연대는 대략 기원전 290년경부터 기원전 240년경까지의 근 50년간으로 추정할 수 있다. 그러나 이것은 대략적인 범위를 나타낸 것이고, 엄밀히 말하자면 〈Bibliotheca Alexandrina〉는 데메트리우스가 도서관에 관계한 기원전 290년경에 설립된 것으로도 볼 수 있다. 그리고 〈Bibliotheca Alexandrina〉는 처음부터 도서관이라는 명확한 형태로서 독립적으로 건설된 것이 아니다. 즉, 대학을 포함한 복합적 연구소로 설립된 것이다.

세상의 모든 지식을 알렉산드리아로 모으겠다는 집념으로 기원전 290년경에 설립된 도서관의 수집 장서가 무려 70만 개 두루마리에 해당되는 거대한 도서관이 되었다. 크기와 규모 면에서 이전의 어떤 도서관보다 거대했기 때문에 〈알렉산드리아 대도서관(The Great Library of Alexandria)〉이라고 부른다. 이처럼 프톨레마이오스 왕들은 자신들이 건설한 왕조들의 위엄과 정통성을 확보하기 위해 알렉산더의 업적에 대해 'Great'이라는 수

식어를 더함으로써 스스로의 자존심과 위엄을 높이고자 한 것이다.

〈Bibliotheca Alexandrina〉의 시대적 배경을 분석해 보면 다음과 같다. 1) 프톨레마이오스 왕조의 성립이다. 알렉산더 대왕 사후 마케도니아(그리스), 셀뉴시드(Seleucids) 제국(시리아), 프톨레마이오스 제국(이집트)의 세 나라로 분열된 상황에서 이집트는 알렉산더 대왕의 부하였던 프톨레마이오스가 그 뒤를 이어 그리스 성격의 나라를 건설했다. 2) 헬레니즘 문화의 성장이다. 알렉산더의 동서 문화 융합 정책은 새로운 문화를 탄생시켰는데 이를 헬레니즘(Hellenism) 문화라고 한다. 헬레니즘 문화의 특색은 세계 시민주의와 개인주의이며, 오늘날 유럽 문화의 기저는 헬레니즘과 헤브라이즘의 두 흐름이므로 유럽 문화의 고대 진원지는 〈Bibliotheca Alexandrina〉였다고 할 수 있다. 3) 경제적 발전이다. 경제적 발전 과정에는 첫째, 상공업의 발달로 많은 교역활동과 국가수입 증가로 상공업이 촉진 장려되었으며 대규모의 생산·무역·금융 등의 제도가 성장하였고, 국가는 주요한 기업가 및 자본가의 역할을 하였다. 둘째, 경제적 발전의 한 결과로 대도시의 성장을 들 수 있으며 헬레니즘 시대의 가장 큰 도시는 이집트의 알렉산드리아다. 알렉산드리아는 인구 50만이 거주하는 세계적인 교역과 풍요의 대도시였다. 셋째, 필사 자료의 파피루스의 생산 등이 포함된다. 이러한 다양한 환경구축으로 세계 최대 규모의 도서관인 〈Bibliotheca Alexandrina〉가 탄생하게 된다.

이상과 같이 〈Bibliotheca Alexandrina〉의 존재 기간은 기원전 290(혹은 300)년경부터 서기 390년경까지로 역사 속에서 적어도 450년 넘게 존재하였다. 그러나 기원전 47년에 클레오파트라와 프톨레마이오스 13세(카세르게테스)와의 시민전쟁에서 카이사르에 의해 부분적으로 파괴되었고, 기독교 시대 이후 영향력이 줄었으며 안토니우스가 클레오파트라에게 20만 개 정도의 두루마리를 주어 도서관 재건에 도움을 주었으리라고 추측된다. 이는 후에 다시 로마 도서관에 소장되었다. 서기 391년에 테오필로스 주교가 종교적인 이유에서 세라피움(딸 도서관)을 파괴하였다. 그리고 645(642?)년경에 모슬렘 정복자 오마르에 의해 완전히 파괴되었다. 그러나 파괴시기에 관해 학자들 간에 논란이 있다.

1) '무세이온'은 영어 'institute'인 학회, 연구소의 뜻으로 아리스토텔레스의 '리케이온'과 플라톤의 '아카데미아'와 유사한 개념이다.

2) 고대 그리스의 철학자 플라톤 사후, 스페우시포스 등이 아카데메이아의 전통을 전승하여 학문을 가르쳤던 약 100년간을 이르는 말. 플라톤 사후, 그에게 가르침을 받았던 스페우시포스(BC 395?~339)와 크세노크라테스(BC 396?~314?) 등이 아카데메이아의 전통을 전승해 학문을 가르쳤던 약 100년간의 기간을 말한다. '아카데미아'란 플라톤이 세운 학교로 아테네 서북 교외에 있는 영웅 '아카데모스'를 모시는 사당에 학교를 세운 데서 유래된 이름이다.

3) 도서관을 건축한 데메트리우스 팔레레우스(Demetrius Phalereus)는 원래 실각한 그리스 왕이었으나 그보다 철학자로 유명하다. 그는 다소 속물이었으나 프톨레마이오스 1세는 그에게 심취해 있었다. 데메트리우스는 아테네 학원들, 그중에서도 리케이온과 비슷한 기관을 설계했다.

4) 세속건축이나 종교건축에서 성가대석, 성단소(chancel), 혹은 측랑(側廊)의 끝에 있는 반원형 또는 다각형 공간. 그리스도교 이전 로마 건축에서 처음 나타났으며, 흔히 신전에서 신상을 모시기 위해 벽감을 더 넓혀 마련한 곳이었다. 팔라티누스 언덕의 도미티아누스 궁전에 있는 황제의 바실리카에서처럼 바실리카나 공공욕장에도 딸려 있었다.

5) '팔미라'는 기원전 2,000년 무렵부터 메소포타미아 지역과 페르시아, 인도 및 지중해 지방을 잇는 교역로의 중심에서 교역도시로 번성했던 곳으로『구약성서』에도 기록되어 있을 만큼 오래된 곳이다.

6) 아리스토텔레스의 제자인 고대 그리스의 학자. '시간은 인간이 소비할 수 있는 가장 가치 있는 것이다(Time is the most valuable thing a man can spend)'라는 유명한 말을 남겼다.

7) 디오게네스 라에르티오스는 기원후 3세기 고대 그리스의 전기 작가였다. 그의 삶에 관해서 알려진 것은 매우 적다. 다만 그가 저술한 철학자 전기인『유명한 철학자들의 생애와 사상(Vitae Philosophorum / Lives and Opinions of Eminent Philosophers)』만이

현재까지 전해지는데, 고대 그리스의 철학자들의 삶에 관한 많은 정보를 알려주는 귀중한 자료다.

8) 아티카(Attica: 고대 그리스 남동부)에서는 재류 외국인이 자신의 땅을 소유하는 것은 금지되어 있었다.

9) 스트라보는 고대 그리스의 지리학자, 역사가, 철학자다. 프톨레마이오스와 함께 고대 그리스에서 가장 뛰어난 지리학자로 일컬어진다. 소아시아에서 태어나 알렉산드리아에서 아리스토텔레스 등의 지도를 받았다. 그는 유럽과 이집트·리비아·아시아 등 여러 곳을 다니면서 지형·지구대·땅 위의 동물과 식물을 관찰하여 모두 17권으로 된 『지리지』를 만들었다.

10) BC 600년 이전 그리스에서 신들에게 사용한 일반적인 용어. 시대와 사람들에 따라 개념이 조금씩 다른데 '수호신' 혹은 '인간의 오성과 이성'의 의미로도 쓰였다.

11) 로마 가톨릭교 신학자·성직자. 알렉산드리아 출생. 412년 알렉산드리아 대주교가 되었다.

12) 영지주의(Gnosticism)는 그리스어로 '지식' '앎' 등의 뜻을 가진 그노시스(gnosis)에서 비롯된 용어다. 영지주의는 일종의 우주론적 이원론으로 우주는 영적 세계와 악한 물질세계로 구분되며 사람은 그리스도를 믿거나 여타 종교를 통해 구원받는 게 아니라 신비한 지식을 통해 구원에 이른다고 본다. 그 특별한 비법, 특별한 지식을 바로 영지(그노시스)라고 부른다. 즉, 고대에 존재했던 혼합주의적 종교운동 중 하나다.

13) 데오빌로(Theophilus)는 '하나님의 친구'라는 뜻이다. 성경은 그가 누가복음과 사도행전의 수신인임을 알려주고 있다. 따라서 그는 아마도 로마 황제의 친족이었거나 고위 공직자로 실존했던 그리스도인이 아니었나 싶다.

14) 바로는 카이사르 때 로마 최초의 공공도서관장으로 임명되었다. 저서로는 풍자문학, 시, 논문, 식사(式辭), 서한은 물론 법률학, 천문학, 지리학, 교육학, 문학사 등 다양한 주제에 관해 74편 정도의 작품(낱권으로 600권 이상)을 썼다. 내용 전체가 보존된 유일한 작품인 『농사론(De re rustica)』은 농업과 축산의 실용적인 지식에 대해 쓴 3부작으로, 시골생활에 대한 애착을 높이기 위해 쓴 것이다. 키케로에게 바친 『라틴어에 대해서(De lingua Latina)』는 언어학 저

서로서뿐 아니라 다양한 주제에 대한 부수적인 정보를 제공하는 자료로도 흥미롭다. 원래 25권으로 구성되었으나 그중 제5~10권만 남아 있다. 그 외 BC 3세기 견유학파 철학자 가다라의 메니포스를 본떠 산문과 운문을 섞어 쓴 해학적 잡문집으로 의식주에서부터 문학과 철학에 이르기까지 다양한 소재를 다룬 『페니키아의 풍자』라는 작품도 있었다.

15) 3월 15일(the Ides of March)은 카이사르의 암살일로 예정되어 있던 날로 서양에서는 예로부터 궂은일을 경고하는 데 쓰였다. Ides는 Nones으로부터 8일째 되는 날을 나타내는 옛날 수 계산법이다. 3월, 5월, 10월은 15일이고, 나머지 달은 13일이다.

참고문헌

Caesar, *De bello alexandrino (on the Alexandrian Wars)*.

De Sacy, *Relation de l'Egypte par Abd al-Latif*, Paris, 1810.

Desroched, Richard A., The Library at *Alexandia*, Current Studies in Librarianship. vol.7, no.1&2, 1983.

De Vleeschauwer H. J. & Curtis Wright H., *Origins of the Mouseion of Alexandria*, In Toward a Theory of Librarianship: Papers in Honor of Jesse Hauk Shera, Rawski Conrad H., ed. Metuchen, N. J., Scarecrow Press, 1972.

Edwards, *Edward, Memoirs of Libraries : a Handbook of Library Economy*, vol. 1. New York, Burt Franklin, 1859.

Empereur, Jean-Yves, *Alexandria: Jewel of Egypt*, Abrams, Harry N., 2002.

Gibbon, Edward K., *The Decline and Fall of the Roman Empire*, ch.28, Everyman's Library, 1993.

Goodrum, Charles A. & Dalrymple, Helen W., *Guide to the Library of Congress*, rev. ed. Washington, LC., 1988.

Hebraeus, Bar, *Historia Compendiosa Dynastiarum*, Oxford, 1663.

Holmes, Anne, *The Alexandrian Library*, Libri. vol.30, 1980.

Khalil, Samir, *L'utilisation d'al-Qifṭī par la Chronique arabe d'Ibn al-'Ibrī († 1286)*, in : Samir Khalil Samir (Éd.), Actes du IIe symposium syro-arabicum (Sayyidat al-Bīr, septembre 1998). Études arabes chrétiennes,=Parole de l'Orient 28(2003).

Manguel, Alberto, 강주헌 옮김, 『The Library at Night』, 세종서적, 2011.

Parsons, E. A., *The Alexandrian Library : Glory of The Hellenic World*, New York, American Elsevier Publishing Co., Inc., 1967.

Phillips, Heather A., *The Great Library of Alexandria?*, Library Philosophy and Practice, 2010.

Plutarch, *Life of Caesar*.

Raymond, Irwin, *Callimachus : Studies in the History of Libraries-IX*, The Library Association Record, 1956.

Report, *Staff, What happened to the great Library of Alexandria?*, The Straight Dope, December 6, 2005.

Roberts, Alexander & Donaldson, James, *Socrates: Book V: Chapter 16*, Philip Schaff et al.: Nicene and Post-Nicene Fathers. 1885.

Shera, Jesse H., *Introduction to Library Science*, Littleton, Colo. : Libraries Unlimited, 1976.

Strabo's geography, Book 17.

Vrettos, Theodore, *Alexandria, City of the Western Mind*, New York: The Free Press, 2001.

로이 매클라우드 등 저, 이종인 옮김, 『에코의 서재, 알렉산드리아 도서관』, 시공사, 2004.

웹사이트

http://www.atheism.or.kr/bbs/board.php?bo_table=freeboard&wr_id=5119

환상의 도서관, 망각의 도서관 **알렉산드리아 비블리오테카**

펴낸날   **초판 1쇄   2012년 10월 12일**

지은이   **남태우**
펴낸이   **심만수**
펴낸곳   **(주)살림출판사**
출판등록 1989년 11월 1일 제9-210호

경기도 파주시 문발동 522-1
전화 **031)955-1350**   팩스 **031)955-1355**
기획 · 편집 **031)955-4662**
http://www.sallimbooks.com
book@sallimbooks.com

ISBN   978-89-522-2075-2   04080

※ 값은 뒤표지에 있습니다.
※ 잘못 만들어진 책은 구입하신 서점에서 바꾸어 드립니다.

책임편집 **최진**